Christian Grethlein

Christsein im Wandel

Christian Grethlein

Christsein im Wandel

Kritische Überlegungen zu
„Glaube", „Kirche" und „Religion"

Mohr Siebeck

Christian Grethlein, geboren 1954; Professor für Praktische Theologie in Berlin (1988–1992), Halle/S. (1992–1997) und Münster (1997–2020).

ISBN 978-3-16-164394-1 / eISBN 978-3-16-164395-8
DOI 10.1628/978-3-16-164395-8

Die Deutsche Nationalbibliothek verzeichnet diese Publikation in der Deutschen Nationalbibliographie; detaillierte bibliographische Daten sind über *https://dnb.dnb.de* abrufbar.

© 2025 Mohr Siebeck Tübingen www.mohrsiebeck.com

Das Werk einschließlich aller seiner Teile ist urheberrechtlich geschützt. Jede Verwertung außerhalb der eigenen Grenzen des Urheberrechtsgesetzes ist ohne Zustimmung des Verlags unzulässig und strafbar. Das gilt insbesondere für die Verbreitung, Vervielfältigung, Übersetzung und die Einspeicherung und Verarbeitung in elektronischen Systemen.

Das Buch wurde von Laupp & Göbel aus der Minon gesetzt. Gedruckt auf alterungsbeständiges Werkdruckpapier.

Printed in Germany.

für
Beate, Hannah und Jonas

„Wir sehen jetzt durch einen Spiegel in einem dunklen Bild; dann aber von Angesicht zu Angesicht. Jetzt erkenne ich stückweise; dann aber werde ich erkennen, gleichwie ich erkannt bin." (1.Kor 13,12)

Inhalt

Einführung:
Unzeitgemäßheit von „Glaube", „Kirche"
und „Religion"? 1

I. Entwicklung von „Glaube", „Kirche" und „Religion"   9

1. Grundimpuls: Auftreten, Wirken und
   Geschick Jesu 9
2. Glaube – vom umfassenden Vertrauen
   zum Katechismus 16
3. Kirche – von pluriformen Gemeinschaften zur
   staatsanalogen Institution 25
4. Religion – späte Karriere eines antiken Begriffs . 40
5. Zusammenfassung und Ausblick 46

II. Gegenwärtige Herausforderungen und damit
verbundene Lebensformen 49

1. Ökologische Krise – Konsequenz des
   „Homo oeconomicus" 51
2. Digitalisierte Kommunikation – Ermöglichung
   des „Homo simultans" 59
3. Demografischer Wandel – Leben als „Silver Ager" 66
4. Zusammenfassung und Ausblick 76

III. Christsein als aktuelle Lebensform 79

1. Geschöpflichkeit als Grundlage menschlichen Lebens und Handelns 82
2. Resonanzfähigkeit menschlichen Lebens 91
3. Sterben und Tod als Teil des menschlichen Lebens 104
4. Zusammenfassung und Ausblick 111

IV. Aktuelle Formen von Glauben, Kirche und Religion 115

1. Glauben – Segnen als Helfen zum Leben 116
2. Kirche – gemeinsames Essen und Trinken ... 125
3. Religion – Beten als Lernprozess 140

Ausblick:
Schöpfung als Grundlage gemeinsamen Lebens 151

Literaturverzeichnis 159

Register 173

Einführung:
Unzeitgemäßheit von „Glaube", „Kirche" und „Religion"?

Wer sich heute in unserer Gesellschaft im Bereich von „Glaube", „Kirche" und/oder „Religion" engagieren will, hat es nicht leicht. Er/sie begibt sich auf ein umstrittenes Terrain:

Empirische Umfragen zeigen einen deutlichen Rückgang in der Zustimmung zu traditionell wichtigen *christlichen Glaubenssätzen*. So ergab die 2022 durchgeführte 6. Kirchenmitgliedschaftsumfrage: „Zwei Drittel der Kirchenmitglieder teilen ein auf Jesus Christus bezogenes Gottesbild nicht oder fühlen sich in so großer Distanz zu dieser Glaubensaussage, dass sie sie nicht ankreuzen."[1] Ein Vergleich zu den Ergebnissen der zehn Jahre zuvor durchgeführten 5. Kirchenmitgliedschaftsuntersuchung zeigt hier eine brisante Entwicklung. Damals hatten noch 61 % der evangelischen Kirchenmitglieder einer solchen Gottesvorstellung zugestimmt – 2022 waren es nur 29 %.[2]

Von daher dürfte für die Mehrheit der Kirchenmitglieder z. B. das Apostolische Glaubensbekenntnis, das herkömmlich

---

[1] Evangelische Kirche in Deutschland (EKD) (Hg.), Wie hältst du's mit der Kirche? Zur Bedeutung der Kirche in der Gesellschaft. Erste Ergebnisse der 6. Kirchenmitgliedschaftsuntersuchung, Leipzig 2023, 33.
[2] S. a. a. O. 33 Anm. 28.

in der Sonntagsliturgie gesprochen wird, nicht nachvollziehbar sein. Angefangen von der dort behaupteten Jungfrauengeburt Jesu über seine Höllenfahrt bis hin zur Vorstellung von ihm als Weltenrichter im letzten Gericht erscheinen auch den meisten Kirchenmitgliedern traditionelle Glaubensinhalte als Relikte längst vergangener Zeiten, wenn sie überhaupt zur Kenntnis genommen werden.

Vielleicht noch brisanter ist eine Beobachtung, die ich im Zuge von Besuchen in Krankenhäusern machte. Während meines Vikariats führte ich 1979/80 ein Jahr lang jede Woche Gespräche auf der Krebs-Station eines großen Münchener Krankenhauses. Fragen nach einer eventuellen Auferstehung und/bzw. dem ewigen Leben wurden mir fast jede Woche gestellt. Die schwerkranken Patient/innen hatten zwar mehrheitlich ihre Zweifel, waren aber doch interessiert an diesen Vorstellungen und einem Gespräch hierüber. Nicht wenige hofften wohl, von dem Seelsorger eine wenn nicht überzeugende, so doch ermutigende Auskunft zu erhalten. Als ich gut vierzig Jahre später im Zuge eines ehrenamtlichen Christlichen Besuchsdienstes in einem Münsteraner Hospital wieder im Wochen-Rhythmus Besuche auf einer Station mit vor allem hochaltrigen Schwerkranken machte, hatte sich die Lage erheblich verändert. Die meisten von ihnen hatten vor allem den Wunsch, ohne große Schmerzen aus diesem Leben herauszukommen und/bzw. „anständig" diese Erde zu verlassen. Nur ganz selten und dann eher am Rand kam die Vorstellung einer Auferstehung bzw. eines ewigen Lebens in den Blick. Ich hatte den Eindruck, dass die meisten der Besuchten sich lebensmüde bzw. -satt fühlten. Nach achtzig, neunzig oder noch mehr Lebensjahren dominierte bei ihnen kein Wunsch nach einem Weiterleben, sondern nach einem zumindest erträglichen Ende des Lebens. Die – vor allem in den

Einführung

reicheren Ländern Europas, Amerikas und Asiens sich vollziehende – demografische Veränderung, konkret die Zunahme des Anteils alter und hochaltriger Menschen an der Bevölkerung, ist auch eine theologische Herausforderung.[3]

Eine ähnliche Entwicklung lässt sich ebenfalls im Bereich der *Kirchenmitgliedschaft* beobachten: „Zwischen 1956 und 2019 hat sich der Anteil der evangelischen Bevölkerung in Deutschland von 50,1 auf 24,9 Prozent reduziert. Der Anteil der katholischen Bevölkerung fiel von 45,9 auf 27,2 Prozent."[4] 2023 sank schließlich der Anteil von Mitgliedern in einer christlichen Kirche auf unter die Hälfte der deutschen Gesamtbevölkerung. Vor allem in den deutschen Großstädten bilden die Konfessionslosen eine deutliche Mehrheit.

Einschneidende Konsequenzen hat diese – sowohl demografisch als auch durch die hohe Zahl jährlicher Kirchenaustritte bedingte – Entwicklung in finanzieller Hinsicht. So sanken 2023 die Kirchensteuereinnahmen im Bereich der EKD um 5,3 %.[5] Besonders junge Menschen lehnen die Kirchensteuer ab. Gegenwärtig verlassen etwa 30 % der getauften Männer und 22 % der getauften Frauen bis zum 31. Lebensjahr die Kirche.[6]

---

[3] S. hierzu ausführlich Grethlein, Christian, Altern heute – Herausforderungen und Chancen (ThLZ.F 41), Leipzig 2024.

[4] http://www.bpb.de/nachschlagen/zahlen-und-fakten/soziale-situation-in-deutschland/61565/kirche (abgerufen am 31.05.2021).

[5] Evangelische Kirche in Deutschland (EKD), Kirchensteuerstatistik 2023. Statistischer Bericht, April 2024, 4.

[6] S. Sophie Thieme, Reformvorschläge der Kirchensteuer in der Evangelischen Kirche in Deutschland, Göttingen 2022 (Göttinger Universitätsdrucke), 22; s. hierzu auch die Tabelle zur Austrittswahrscheinlichkeit nach Alter und Geschlecht 2017 in: Peters, Fabian/Gutmann, David/Kendel, André/Faix, Tobias/Riegel, Ulrich, Mitgliederorientierung als Zukunftsaufgabe von Kirche, in: Dies. (Hg.), Kirche – ja bitte.

Die dahinter stehende Partizipationslogik und zugleich Distanz zur Institution Kirche formulierte ein junger Erwachsener bei einer diesbezüglichen Befragung recht direkt: „fragt man sich ja dann schon, wenn man seine Lohnabrechnung sieht, wieso zahle ich denen (.) so viel Geld jeden Monat, speziell wenn man auch weiß, dass es in anderen Ländern anders ist [...] und es (.) nicht automatisch abgebucht werden müsste."[7] In heutiger Nutzersicht handelt es sich hier um ein „Abo-Modell, für das man lebenslang zahlen muss, um im Lauf des Lebens ein paar Leistungen in Anspruch nehmen zu können."[8] Die Selbstverständlichkeit der Kirchenmitgliedschaft ist demnach zumindest bei jüngeren Menschen einer – zunehmend unattraktiveren – Option gewichen. Skandale wie der des sexuellen Missbrauchs durch kirchliche Mitarbeiter beschleunigen diese Entwicklung wohl noch. Bei der jüngsten Shell-Jugendstudie rangieren die „Kirchen" bei der Frage nach „Vertrauen in Institutionen" unter dreizehn Organisationen auf dem letzten Platz.[9] Die Kirchen befinden sich also in einem Transformationsprozess, ohne dass über die weitere Entwicklung in den entsprechenden Gremien bereits Klarheit herrscht.[10]

Innovative Modelle und strategische Perspektiven von gelungener Mitgliederorientierung, Neukirchen-Vluyn, 2020², 14–28, 19.

[7] Ebertz, Michael/Eberhardt, Monika/Lang, Anna, Kirchenaustritt als Prozess: Gehen oder bleiben? Eine empirisch gewonnene Typologie (KirchenZukunft konkret 7), Berlin 2012, 171.

[8] Tilmann Haberer, Kirche am Ende. 16 Anfänge für das Christsein von morgen, Gütersloh 2023, 23 f.

[9] Schneekloth, Ulrich/Albert, Mathias, Jugend und Politik, in: Shell Deutschland GmbH (Hg.), 19. Shell Jugendstudie – Jugend 2024. Pragmatisch zwischen Verdrossenheit und gelebter Vielfalt, Weinheim 2024, 43–100, 70.

[10] S. Grethlein, Christian, Quo vadis, ecclesia? Evangelische Kirche im Transformationsprozess, in: DtPfrBl 120 (2020), 5–10.

Einführung

Analoge Rückgänge vermerken auf „*Religion*" bezogene Untersuchungen. So konstatiert die bereits zitierte erste Präsentation der Ergebnisse der 6. Kirchenmitgliedschaftsuntersuchung: „Es gibt keine Hinweise darauf, dass sich kirchliche Religiosität in Richtung auf eine nicht-kirchliche Religiosität verschieben würde. Vielmehr nimmt Religiosität insgesamt ab, kirchennahe wie kirchenferne."[11] Im Einzelnen: „Der Aussage ‚Das moderne wissenschaftliche Weltbild hat Religionen überflüssig gemacht' stimmten 42 % zumindest eher zu, der Aussage ‚Alles in allem schadet Religion der Menschheit mehr, als sie nützt' 44 %, der Aussage ‚Mir selbst sind religiöse Fragen bedeutungslos und egal' 55 %, und der Aussage ‚Es befremdet mich und macht mich misstrauisch, wenn Menschen sehr religiös sind' 57 %."[12]

Insgesamt scheint „Religion" demnach in eine gesellschaftliche Nische abzugleiten. Zwar bezeichnet sie in pädagogischen Theorien wie der der "Modi der Weltbegegnung" einen möglichen Weltzugang. Doch sind andere Perspektiven von größerer Bedeutung.[13] Leben scheint auch ohne Religion möglich – vielleicht sogar besser? Dies legte zumindest John Lennon mit seinem Hit von 1971 „Imagine" nahe, nach dem zu der erträumten Zukunft gerade keine „religion" gehört:

> „Imagine there's no heaven
> It's easy if you try
> No hell below us
> Above us only sky
> […]
> Imagine there's no countries

---

[11] EKD, Wie hältst du's mit der Kirche, 36.
[12] A.a.O. 36.
[13] S. Jürgen Baumert, Deutschland im internationalen Bildungsvergleich, in: Nelson Kilius u. a. (Hg.), Die Zukunft der Bildung, Frankfurt 2002, 100–150, 108–113.

Einführung

It isn't hard to do
Nothing to kill or die for
And no religion too
Imagine all the people living life in peace [...]"

Tatsächlich scheint ein Blick auf gegenwärtige Kriegsschauplätze und Spannungszonen diese Analyse zu bestätigen: Die Konflikte im Nahen Osten sind religiös von der Spannung zwischen Judentum und Islam geprägt. Das Eintreten des russisch-orthodoxen Patriarchen von Moskau für die Putinsche Kriegsführung gegen die Ukraine ist eindeutig.

So stellt sich in verschiedener Hinsicht die Frage: Lohnt sich angesichts des hier skizzierten Befunds überhaupt noch eine Beschäftigung mit „Glaube", „Kirche" und/oder „Religion"?

Auf jeden Fall erscheint aber die Aufgabe der Lebensgestaltung, also der Lebensform, in einer pluralistischen Gesellschaft wichtig und aktuell.

„Lebensformen stellen sich dar als Bündel von sozialen Praktiken [...] und Ordnungen sozialen Verhaltens. Sie umfassen Einstellungen und habitualisierte Verhaltensweisen mit normativem Charakter, die die kollektive Lebensführung betreffen, obwohl sie weder streng kodifiziert noch institutionell verbindlich verfasst sind."[14]

Denn ein in früheren Generationen selbstverständliches Verharren in Traditionen ist auf Grund des technischen, gesellschaftlichen und kulturellen Wandels nicht mehr möglich. Vor diesem Hintergrund will ich die soeben skizzierten Entwicklungen dieser Begriffe in ihrem jeweiligen Kontext verstehen, um dann nach ihrer heute angemessenen Bedeutung zu fragen:

Dazu rekonstruiere ich sie in einem ersten Durchgang – „Entwicklung von ‚Glaube', ‚Kirche' und ‚Religion'" – in ihrer

---

[14] Jaeggi, Rahel, Kritik von Lebensformen, Berlin 2014², 77.

Herkunft und Ausprägung. Dabei begegnen erhebliche Engführungen, teilweise sogar Verkehrungen gegenüber früheren, mit diesen Begriffen verbundenen Inhalten und Intentionen. Sachlich bedeutsam ist, dass dabei immer wieder als *grundlegende Aufgabe, die der Gestaltung des Lebens, also der Lebensform* begegnet.

Im zweiten Hauptteil – „Gegenwärtige Herausforderungen und damit verbundene Lebensformen" – gehe ich den großen gegenwärtigen Problemen für die Lebensgestaltung nach: der sich anbahnenden ökologischen Katastrophe, den weitreichenden Umstellungen durch die Digitalisierung sowie dem demografischen Wandel durch die Zunahme alter und hochaltriger Menschen. Sie können jeweils schlagwortartig auf eine bestimmte Lebensform hin zugespitzt werden: den „Homo oeconomicus", den „Homo simultans" sowie die „Silver Agers".

Der dritte Hauptteil – „Christsein als aktuelle Lebensform" – skizziert dann die christliche Lebensform[15] als eine weiterführende Option, mit diesen Herausforderungen umzugehen.

Sodann frage ich – „Aktuelle Formen von Glauben, Kirche und Religion" – nach Konsequenzen hieraus für ein heute zeitgemäßes Verständnis von Glauben, Kirche und Religion. Der Bezug auf die christliche Lebensform gibt Impulse für entsprechende Reformen bzw. Neuorientierungen.

Den Abschluss – „Ausblick" – bildet der Versuch, erste Konturen für ein zeitgemäßes Verständnis von Glauben, Kirche und Religion zu entwerfen.

---

[15] S. hierzu als erste Versuche: Grethlein, Christian, Christsein als Lebensform. Eine Studie zur Grundlegung der Praktischen Theologie (ThLZ.F 35), Leipzig 2018; ders., Christliche Lebensform. Eine Geschichte christlicher Liturgie, Bildung und Spiritualität, Berlin 2022.

Im Hintergrund dieser Überlegungen steht die These, dass „Glaube(n)" und „Kirche" sowie in vermittelter Form „Religion" Begriffe sind, die bei ihrem Aufkommen wichtige Inhalte der christlichen Lebensform erfassten. Im Lauf der Zeit wurden sie den jeweiligen politischen, gesellschaftlichen und kulturellen Kontexten angepasst. Damit gewannen sie zunächst für die Zeitgenossen an Plausibilität. Doch kam es im Lauf der Zeit zu Erstarrungen und damit zunehmender Lebensferne. Dabei gingen wichtige Impulse der ursprünglichen Begriffe verloren.[16] So ist es heute die Aufgabe, diese wiederzugewinnen. Dabei zeigt sich, dass ihr ursprüngliches Innovationpotenzial auch – oder vielleicht gerade besonders – heute wichtig ist und Interesse verdient.

---

[16] S. z. B. die Ausführungen zum Verhältnis von Kirche zur Gewaltanwendung bei Rommelspacher, Birgit, Wie christlich ist unsere Gesellschaft? Das Christentum im Zeitalter von Säkularität und Multireligiosität (Edition Kulturwissenschaft 102), Bielefeld 2017, 101–130.

I. Entwicklung von „Glaube", „Kirche" und „Religion"

„Glaube" (πίστις bzw. πιστεύειν) und „Kirche" (ἐκκλησία) sind Worte, die bereits im Neuen Testament vorkommen. „Religion" ist dagegen ein Begriff, der – philologisch aus römischer Paganität stammend – erst später auf das Christentum angewendet wurde. Von daher wird die Rekonstruktion von „Glaube" und „Kirche" bereits bei den Ursprüngen des Christseins ansetzen, konkret dem Auftreten, Wirken und Geschick Jesu von Nazaret. Bei „Religion" gilt es dagegen von Anfang an Problemkonstellationen zu berücksichtigen, angesichts derer die beiden Begriffe „Glaube" und „Kirche" nicht mehr hin- bzw. ausreichend erschienen.

1. Grundimpuls:
Auftreten, Wirken und Geschick Jesu

Grundlegend für „Glaube", „Kirche" und „Religion" im chrislichen Sinn ist das Auftreten, Wirken und Geschick Jesu von Nazaret. Von daher begegnen in der Christentumsgeschichte immer wieder Rückfragen hiernach, nicht selten in kirchenkritischer Ausrichtung. Eine auch methodische Reflexion erfuhren sie seit der Aufklärung und der dann beginnenden

"Leben-Jesu-Forschung".[1] Mittlerweile wurde hierbei ein *erinnerungshistorischer Ansatz* als weiterführend entwickelt. So werden die von Jesus berichtenden neutestamentlichen Texte als Erinnerungen an ihn gelesen, durch die dessen Auftreten, Wirken und Geschick in ihrem Kontextbezug deutlich werden.

„Wir finden in Jesusüberlieferungen immer wieder einzelne Erinnerungsspuren von Jesus, die sich oft zu persontypischen Erinnerungsmustern kombinieren lassen. Diese weisen besonders dann auf den historischen Jesus, wenn sie milieutypische Motive enthalten, die in das Galiläa und Judäa des 1. Jh. n. Chr. passen. Sie lassen sich als Erinnerungsspuren Jesu dann erkennen, wenn sie individuelle Züge aufweisen, die in diesem Milieu auffallen und in der urchristlichen Überlieferung tendenzwidrig sind. Zusammen ergeben sie ‚wirkungsauthentische' Erinnerungsbilder, die ohne Person und Wirken Jesu nicht entstanden wären."[2]

Demnach stellt der jüdische Glaube, wie er in der Hebräischen Bibel grundgelegt ist, Ausgangspunkt und Hintergrund von Jesu Wirken dar. Grundlegend ist dabei der Glaube (hebräisch: אמנ) an Gott als Schöpfer der Welt und als Richter. Er ist „seinem Wesen nach Antwort."[3]

Seine inhaltliche Konkretion findet er in *Jesu Ankündigung der nahenden Gottesherrschaft.* Sie kommunizierte er *in drei Modi: in Lehr- und Lernprozessen,* wie sie vorzüglich in Streitgesprächen und in den Gleichnissen zum Ausdruck kommen; *in gemeinschaftlichen Feiern,* vor allem in Form von gemein-

---

[1] Einen knappen, aber instruktiven Überblick hierzu gibt die Tabelle „Geschichte der Leben-Jesu-Forschung" in Theißen, Gerd / Merz, Annette, Wer war Jesus? Der erinnerte Jesus in historischer Sicht, Göttingen 2023, 28 f.

[2] A.a.O. 26 f.

[3] Levin, Christoph, Glaube im Alten Testament, in: Horn, Friedrich (Hg.), Glaube (Themen der Theologie 13), Tübingen 2018, 9–31, 27.

1. Grundimpuls: Auftreten, Wirken und Geschick Jesu

samem Essen und Trinken; *im Helfen zum Leben,* wie es in den Heilungserzählungen begegnet.[4] Dass dabei diese drei Kommunikationsmodi untrennbar miteinander verbunden sind, zeigt bereits ein rascher Blick in Jesu Gleichnisse und Parabeln.

„- Sie enthalten durchgehend eindrückliche Bilder. Das Erzählen eröffnet für die Zuhörenden einen weiteren Interpretationsspielraum als dies bei visuellen Eindrücken möglich ist. Durch die Schallwellen dringen die Bilder gleichsam in die Menschen ein [...] und werden dort verarbeitet.
- Es begegnet häufig das Mahlmotiv. Entsprechend jüdischem Brauch ist dies stets mit Orationen und Benediktionen verbunden.
- Konkrete Hilfeleistungen durch Jesus werden berichtet. Auch hierbei ist die Gemeinschaft mit Gott, den er seinen Vater nennt, vorausgesetzt."[5]

Allen drei Kommunikationsmodi ist eine *symmetrische Grundstruktur* gemeinsam. Jesus wirkte also nicht gleichsam von oben herab, sondern in Austauschprozessen mit Anderen. Von daher erklären sich auch Erinnerungen an erfolglose Kommunikationen: Für die Lehr- und Lernprozesse – Jesus wurde wohl als „Rabbi" angesprochen (z.B. Mt 26,25.49; Joh 1,38) – zeigt sich dies besonders deutlich bei den Gegnern Jesu, die ihn schließlich sogar töten ließen. Offensichtlich konnte Jesus sie mit seiner Botschaft nicht überzeugen. Hinsichtlich der Mahlgemeinschaften wurde Jesus als „Fresser und Weinsäufer" und „Freund der Zöllner und Sünder" verunglimpft (Mt 11,19). Solche Kritiken zeigen, dass Manche

---

[4] Exegetisch führt diese Systematisierung aus Becker, Jürgen, Jesus von Nazaret, Berlin 1996, 176–233; praktisch-theologisch rezipiert wurde sie in Grethlein, Christian, Praktische Theologie, Berlin 2016², 256–327.
[5] Grethlein, Theologie 166.

eben nicht das Anbrechen der Gottesherrschaft in den Mahlfeiern wahrnahmen. Auch konnte Jesus dort, wo er nicht akzeptiert wurde, nicht heilen (z.B. Mk 6,5f.). Demnach war sein Helfen abhängig von dem Vertrauen (πίστις), das ihm entgegengebracht wurde.

Dieser offenen Grundstruktur jesuanischer Kommunikation entspricht ihre *Universalität* und *Inklusivität*:

„Während andere Erneuerungs- und Protestbewegungen einen Sieg Israels über die Heiden erwarten, öffnet Jesus die Gottesherrschaft für den Zustrom der Heiden. Jesus aktiviert die universalistische Tradition der Völkerwallfahrt zum Zion (Mt 8,11 f.).

Während andere Erneuerungsbewegungen jüdische Normen verschärfen, finden wir bei Jesus Thoraverschärfungen nur bei universalen ethischen Normen, aber eine Entschärfung trennender ritueller Normen: der Sabbat- und Reinheitsgebote."[6]

Dabei sind zum einen Erinnerungen interessant, nach denen Jesus in Kommunikation mit Anderen zur Einsicht in die Universalität seines Handelns kam. Erst seine Begegnung mit einer kanaanäischen (so Mt 15,22) bzw. syro-phönizischen (so Mk 7,26), auf jeden Fall also heidnischen Frau öffnete ihm den Blick hierfür. Ihre Bitte überwand die bis zu dieser Begegnung von Jesus angenommene Beschränkung seines Wirkens auf Juden und Jüdinnen. Zum anderen zeigt z.B. die Begegnung mit einem Reichen, dass Inklusion durchaus die Möglichkeit der Selbstexklusion einschließt (s. Mk 10,17–22; parr.). Der Reiche, zur Nachfolge eingeladen, wich wegen seines Reichtums zurück. Der zur Nachfolge erforderliche Verkauf seiner Güter sowie die Abgabe des Erlöses an Arme waren ihm nicht möglich.

Die auf jeden Fall Jesu Wirken bestimmende Gleichheit aller Menschen kommt deutlich in der Anrede von Jesu Beten

---

[6] Theißen / Merz, Jesus 142.

zum Ausdruck: „*Unser Vater*" (Mt 6,9). Die Betenden – einschließlich Jesus – sind demnach Kinder Gottes und auf dessen Zuwendung angewiesen.

Inhaltlich tritt in der Erinnerung an Jesus die besondere Form der *Goldenen Regel* hervor: „Alles nun, was ihr wollt, das euch die Leute tun sollen, das tut ihr ihnen auch!" (Mt 7,12) In zeitgenössischen Parallelen war sie entweder negativ formuliert oder auf einen begrenzten Adressatenkreis, etwa die Familie, beschränkt. Auch hier erwiesen sich also Inklusion und Universalität als bestimmend. Die inhaltliche Präzision stellte dabei das Liebesgebot dar. Paulus hob dementsprechend – angesichts von Streitigkeiten in der Gemeinde – in 1Kor 1,10–23 „eine tiefe Affinität zwischen dem Verstehen Christi und der Liebe" hervor.[7]

Schließlich erwartete Jesus das nahe Ende der Welt, nämlich die Gottesherrschaft.

„Am Anfang hieß es noch: In dieser Generation wird sich alles erfüllen (Mk 13,30). Dann sollte der Menschensohn kommen, bevor die Mission an Israel beendet ist (Mt 10,23). Bald lebten nur noch wenige aus der ersten Generation, denen die Verheißung galt: ‚Es stehen einige hier, die werden den Tod nicht schmecken, bis sie das Reich Gottes kommen sehen mit Kraft' (Mk 9,1). Am Ende aber knüpfte sich die Parusie-Erwartung an einen einzigen Überlebenden, einen sehr alt gewordenen Jünger, den ‚Lieblingsjünger' des JohEv. Ein Jesuswort verheißt ihm, er werde nicht sterben, bevor nicht Jesus kommt (vgl. Joh 21,22 f.)."[8]

Noch Paulus setzte bei einer Reflexion über die Auferstehung voraus, dass manche seiner Zeitgenossen nicht sterben, sondern die Wiederkunft Christi erleben würden (1Thess 4,13–18).

---

[7] Luz, Ulrich, Theologische Hermeneutik des Neuen Testaments, Neukirchen-Vluyn 2014, 432.
[8] A. a. O. 237.

Fast zweitausend Jahre nach seinem Wirken muss man konstatieren, dass er sich hier irrte.

Schon diese knappe Skizze von Erinnerungen an Jesus in den neutestamentlichen Schriften zeigt eine klare Ausrichtung seines Wirkens. Sie kommt im Doppelgebot der Liebe, der positiv formulierten Goldenen Regel und im Vaterunser zum Ausdruck. *Einsicht und Handeln* gehören demnach untrennbar zusammen. Es handelt sich beim Christsein eben um eine Lebensform, die beides umfasst.

Zugleich begegnet in der Rezeption von Jesu Auftreten, Wirken und Geschick, wie sie in den Evangelien, aber auch bei Paulus und seinen Nachfolgern vorliegt, eine erhebliche *Pluralität*. Sie ist in der Universalität und Inklusivität jesuanischer Kommunikation der anbrechenden Gottesherrschaft begründet. Dementsprechend reagierten bereits zu Jesu Lebzeiten von ihm beeindruckte Menschen durchaus unterschiedlich. Einige schlossen sich ihm in seiner Wanderexistenz und asketischen Lebensweise an, andere blieben an ihrem Ort und in ihren sozialen Bezügen, ließen sich aber von ihm eine neue Lebensperspektive eröffnen. Denn: „Nachfolge ist eine Existenzbestimmung, die den Menschen ganzheitlich betrifft und in seinem Denken, Glauben, Hoffen sowie in seinem alltäglichen Handeln fordert."[9] So fielen auch die vor Ort Gebliebenen in der neuen Lebensform ihren Mitmenschen durchaus auf, wie die von außen kommende Bezeichnung „Christen" (Χριστιανοί) für sie zeigt.

---

[9] Hahn, Ferdinand, Theologie des Neuen Testaments Bd. II. Die Einheit des Neuen Testaments. Thematische Darstellung, Tübingen 2002, 444.

1. Grundimpuls: Auftreten, Wirken und Geschick Jesu

Sachlich begegnen im Neuen Testament auch *Spannungen zwischen den Erinnerungen an Jesus und den nachösterlichen Konsequenzen*, die die ihm Nachfolgenden zogen. Stichwortartig tragen die Exegeten Gerd Theißen und Annette Merz sie zusammen:

„– Jesus lehnt es ab, ‚gut‘ genannt zu werden, weil nur Gott gut ist (Mk 10,18).
- Jesus lässt sich zur Sündenvergebung taufen (Mk 1,9 mit 1,4). Das widerspricht der Vorstellung von seiner Sündlosigkeit (Hebr 4,15).
- Er kann nicht immer heilen (Mk 6,5). Das widerspricht seiner Allmacht, die man ihm seit Ostern zuschrieb (Mt 28,18).
- Der Vorwurf der Familie, Jesus sei verrückt (Mk 3,20f), steht in Widerspruch zur Betonung seiner Familie nach Ostern […].
- Der Vorwurf, Jesus sei Fresser und Weinsäufer, Freund von Zöllnern und Sündern (Mt 11,19), kann sich nicht auf den Erhöhten beziehen.
- Der Vorwurf, Jesus stehe mit Beelzebub im Bunde, kann sich nur auf die Exorzismen des irdischen Jesus beziehen (Mt 12,22–30).
- Das Gerücht, Jesus sei der Täufer redivivus (Mk 6,14), setzt voraus, dass Geburt und Herkunft Jesu aus Nazaret noch unbekannt sind und muss daher eine sehr frühe Reaktion auf das Wirken Jesu sein."[10]

Zwar ist nicht mehr genau herauszufinden, welchen Anspruch Jesus für seine Person erhob. Die später im Dogma vollzogene Gleichsetzung mit Gott kann sich aber nicht auf ihn berufen. Sie entwickelte sich erst im Lauf der Zeit. Ein wichtiger An-

---

[10] Theißen/Merz, Jesus 109.

satzpunkt hierfür war die Überlieferung von der davidischen Herkunft Jesu (Mt 1,6 ff.; Luk 2,4).

Sie wurde „von Matthäus und Lukas zu Legenden über seine wunderbare Geburt verarbeitet [...] War bei Paulus die Einsetzung zum Sohn Gottes noch mit der Auferweckung verbunden, so wird dies in den Evangelien an die Taufe bzw. die Geburt zurückverlegt oder sogar zur Aussage seiner Präexistenz als göttlicher Logos gesteigert und bestimmt damit von Beginn an seinen irdischen Weg."[11]

Es gehört zu den Schattenseiten der christlichen Lebensform, dass solche christologischen Lehrbildungen des Herr-Seins Jesu später zu Gewalttätigkeiten – etwa in den Kreuzzügen, aber auch bei Verfolgungen sog. Ketzer und Ketzerinnen – führten.

2. Glaube – vom umfassenden Vertrauen zum Katechismus

Πίστις bzw. πιστεύειν, das griechische Substantiv für Glaube bzw. das Verb hierfür, kommen im Neuen Testament jeweils über 240mal vor. Sie bezeichnen also ein Phänomen bzw. einen Sachverhalt von offenkundig hoher Bedeutung für die Erinnerung an Jesus von Nazaret. Im profanen Sprachgebrauch des klassischen bzw. hellenistischen Griechisch besaßen diese Worte „keine prägnante Bedeutung. Das Verb bezeichnet [...] ‚meinen, für-zutreffend-halten', das Substantiv wird für das ‚Vertrauenswürdige', für ‚Treue' oder für ‚Zuverlässigkeit' verwendet, auch für ‚Beweis'."[12] Es konnte so

---

[11] Schröter, Jens, Jesus von Nazaret. Jude aus Galiläa – Retter der Welt, Leipzig 2006², 77 f.
[12] Hahn, Theologie II, 452.

2. Glaube – vom umfassenden Vertrauen zum Katechismus

auch Verwendung im kultischen Bereich finden, ohne dass darauf der Schwerpunkt im Sprachgebrauch lag

Wichtiger für die Bedeutung von πίστις bzw. πιστεύειν im Neuen Testament ist das – in der Septuaginta entsprechend übersetzte – hebräische אמן, dessen Hifil-Form mit πιστεύειν wiedergegeben wird. Es wird in der Hebräischen Bibel „zumeist in bezug auf Gott, der für vertrauenswürdig gehalten wird"[13], verwendet. „An Gott glauben heißt, ihm zu vertrauen (SapSal 16,26) und dieses Vertrauen gründet in dem, was Gott schon getan hat, und in seiner Treue."[14] Glaube „antwortet auf die vorausgehende heilvolle Zuwendung Jahwes [...], auf Gottes Verheißungen und auf seine Wunder."[15] Dementsprechend bezeichnet das Substantiv „einen Prozeß der inneren Festigung oder des Einnehmens einer zuversichtlichen Haltung."[16] „Dabei gibt es eine Entwicklung, in deren Verlauf das ‚Sich-Festmachen' von einer Gegenstandsbeziehung – dem Festhalten an den Wundern, den Verheißungen, dem Wort – immer mehr zu einer personalen Beziehung wird, zum ‚glauben an'."[17]

In den synoptischen Evangelien steht die „*Nachfolge*" Jesu im Vordergrund, „während die in nachösterlicher Zeit entfaltete Glaubensthematik vor allem bei Paulus, im Johannesevangelium und im Hebräerbrief begegnen."[18] Dabei verändert sich auch die Bedeutung von „Glauben". Ferdinand Hahn

---

[13] Hooker, Morna, Glaube III. Neues Testament, in: RGG⁴ 3 (2000), 947–953, 947. Hier und in den weiteren Lexikon-Zitaten werden die dort verwendeten Abkürzungen aufgelöst.
[14] A.a.O. 947.
[15] Levin, Glaube 27.
[16] Haacker, Klaus, Glaube II/2. Altes Testament, in: TRE 13 (1984), 279–289, 280.
[17] Levin, Glaube 27.
[18] Hahn, Theologie II, 442.

fasst entsprechende Einzelbefunde zusammen: „Im Rahmen der Nachfolgetradition bedeutet Glaube einen konkreten einzelnen Akt des Vertrauens und ist Ausdruck der ganzheitlichen Bindung an Gott. In der nachösterlichen Tradition erhält Glaube eine umfassendere Bedeutung und tritt im Sinn der Existenzbestimmung an die Stelle der Nachfolge, kann daher mit dieser parallelisiert werden."[19]

Hier kommt bei Paulus dem Hören eine besondere Bedeutung zu (s. z. B. Gal 3,25). Es „bezeichnet das bereitwillige Annehmen, das gleichsam in das ‚Glauben' (πιστεύειν) als Sich-Verlassen, Sich-Stützen einmündet, und zwar unter Verzicht auf alles Eigene und Innerweltliche, was menschliche Existenz begründen könnte."[20] Die Spannweite des Glaubensbegriffs im Neuen Testament zeigt weiter ein Vergleich von Heilungserzählungen bei den Synoptikern und bei Johannes: „Während bei den Synoptikern der Glaube zur Heilung führt, rufen bei Johannes die σημεῖα (sc. Zeichen, C.G.) – unter ihnen auch Heilungen – den Glauben hervor (2,23; 4,53–54; 11,47–48)."[21]

Insgesamt kam es bei der Entwicklung des Glaubensbegriffs im Neuen Testament zu einer *Integration des Nachfolgekonzepts*. „Glauben", zuerst das Vertrauen in einer bestimmten Situation, wird so zu einer „umfassende(n) Existenzbestimmung".[22] Er wird „zur Signatur des christlichen Lebens und er umfasst alle Dimensionen der Einstellungen und Hoffnungen des Christen, auch dessen Handlungen."[23]

---

[19] A.a.O. 451.
[20] Hahn, Ferdinand, Theologie des Neuen Testaments Bd. I. Die Vielfalt des Neuen Testaments. Theologiegeschichte des Urchristentums, Tübingen 2002, 268.
[21] Hooker, Glaube 949.
[22] Hahn, Theologie II, 453.
[23] Horn, Friedrich, Glaube – Nicht Weisheit der Menschen, sondern

Eine wichtige Neuakzentuierung begegnet in der Apostelgeschichte. Hier rücken Glaube und Taufe zusammen, „denn wer an das Evangelium glaubt, wird auch sofort getauft (2,38.41–44; 8,12–13; 16,31–34)."[24]

Schließlich zeichnet sich in den Pastoralbriefen die Tendenz ab, mit dem Glauben das Christsein im Sinne eines geschlossenen Lehrsystems zu verstehen (1Tim 4,6; 1Tim 3,8; Tit 1,13).[25]

Diese Entwicklung entspricht der grundlegenden kommunikativen Transformation von der mündlichen Überlieferung zur schriftlichen Fixierung von Texten. Denn: „Verschriftlichung setzt ein [...], wenn es einen Mangel an Evidenz bzw. eine Abwesenheitserfahrung zu überbrücken gilt."[26] Dazu kam der sich nur innerhalb einer Generation vollziehende Übergang der Jesus Nachfolgenden „aus einer ursprünglich im dörflichen Raum beheimateten Bewegung" innerhalb des Judentums in den städtisch geprägten Bereich.[27] So fielen Χριστιανοί erstmals in der Großstadt Antiochia als eigene Gruppe auf (Apg 11,26). „Eine sozusagen flächendeckende Christianisierung begann freilich erst im vierten Jahrhundert."[28]

Dementsprechend gestaltete sich das Christsein an verschiedenen Orten durchaus unterschiedlich. Christoph Mark-

---

Kraft Gottes, in: Ders. (Hg.), Glaube (Themen der Theologie 13), Tübingen 2018, 33–63, 59.

[24] Hooker, Glaube 949.
[25] S. a. a. O. 952.
[26] Lauster, Jörg, Zwischen Entzauberung und Remythisierung. Zum Verhältnis von Bibel und Dogma (ThLZ.F 21), Leipzig 2008, 27.
[27] S. Markschies, Christoph, Das antike Christentum. Frömmigkeit, Lebensform, Institutionen, München 2016³, 16.
[28] A. a. O. 23.

schies beobachtet hier – unter Bezug auf Origenes – auch sog. "*Halbchristen*": "Menschen, ,die obwohl sie Christen sind, heidnische Festveranstaltungen mitfeiern, (...) die, die aus dem Lauf der Gestirne das menschliche Leben und seine Ereignisse erforschen oder den Vogelflug oder dergleichen, was man so in der Welt beobachtet, erkunden'."[29] Zugleich begann aber vor allem in der Vorbereitung auf die Taufe eine uniformierende Lehrbildung. So taucht wohl nicht von ungefähr in der Didache, einer „Art Kirchenordnung aus dem frühen 2. Jahrhundert", die „Vorstellung von Trinität" im Zusammenhang mit der Taufe auf: „Getauft wird auf den Namen des Vaters und des Sohnes und des Heiligen Geistes entsprechend Mt 28,19 (Didache 7,1)."[30] *Glauben* – anfangs in Verbindung mit Nachfolge die ganze Lebensform umfassend – *wird in einem allerdings zwei Jahrhunderte umfassenden Prozess zunehmend zur Glaubenslehre verengt.*

Einen gewissen Abschluss und damit eine Verfestigung dieser Entwicklung stellte die Erklärung des Christentums zur Staatsreligion durch Kaiser Theodosius I. Ende Februar 380 dar. Er schrieb u. a.: „Andersgläubige, ,die wir für toll und wahnsinnig halten, haben den Schimpf ketzerischer Lehre zu tragen. Auch dürfen ihre Versammlungsstätten nicht als Kirche bezeichnet werden.'"[31] Davor gab es jahrzehntelange Auseinandersetzungen mit von der Mehrheit abweichenden Interpretationen des Christseins, etwa in der Gnosis, sowie um eine angemessene Form der Gotteslehre, konkret der Trinitätslehre.[32]

---

[29] A. a. O. 65.

[30] Drecoll, Volker Henning, Entwicklungen und Positionen in der Geschichte des Christentums, in: Ders. (Hg.), Trinität (Themen der Theologie 2), Tübingen 2011, 81–162, 81.

[31] Zitiert nach Markschies, Christentum 42.

[32] S, hierzu Drecoll, Entwicklungen 81–92.

Wirkmächtiger Ausdruck dieser *Entwicklung zur Vereinheitlichung bei gleichzeitiger Separation* bestimmter Gruppen war die Formulierung von *Glaubensbekenntnissen* – am bekanntesten Apostolicum, Nicaeno-Constantinopolitanum und Athanasianum. Sie wurden etwa bei der Taufe abgefragt.[33] Glaube wird hier zunehmend auf *Satzwahrheiten* und deren kognitiven Gehalt konzentriert bzw. reduziert. Dabei stehen – wie die unterschiedliche Länge der einzelnen Glaubensartikel zeigt – Jesus Christus und dann der Heilige Geist bzw. die Kirche im Zentrum des Bekenntnisses. Der Glaube an Gott als Schöpfer tritt demgegenüber zurück und wird lediglich eingangs kurz genannt.

Die Anweisung von Thomas v. Aquin für die sog. Minores, also die einfachen Menschen ohne theologische Bildung, ist ein einflussreiches Beispiel für diese Dogmatisierung des christlichen Glaubens. Sie müssen „die Hauptartikel explizit glauben – dass Gott einer und drei ist, daß der Sohn Gottes Fleisch geworden, gestorben und auferstanden ist, und andere Gegenstände dieser Art, anlässlich derer die Kirche Feste feiert' (De veritate XIV,11, corpus)."[34] Solchen materialen Festlegungen des Glaubensverständnisses kam neben ihrer katechetischen auch exkludierende Funktion gegenüber sog. Ketzern bzw. Häretikern zu. Konsequenterweise wurden jetzt – im Westen – die Kinder bei ihrer Taufe – und auch sonst – von der Teilnahme an der Eucharistie ausgeschlossen, da ihnen die Unterscheidungsfähigkeit zu sonstiger Speise fehle.[35]

---

[33] S. a. a. O. 97.

[34] Zitiert nach Ohst, Martin, Glaube in der Kirchengeschichte – Zu den geschichtlichen Wandlungen eines Zentralbegriffs der christlichen Religion, in: Horn, Friedrich (Hg.), Glaube (Themen der Theologie 13), Tübingen 2018, 65–131, 97.

[35] S. Kleinheyer, Bruno, Sakramentliche Feiern I. Die Feiern der Eingliederung in die Kirche (GDK 7/1), Regensburg 1989, 239.

I. Entwicklung von „Glaube", „Kirche" und „Religion"

Ein lehrhaft gefasster Glaubensbegriff bestimmte somit auch das Sakramentsverständnis und damit die konkrete liturgische Praxis. So führte die durch den Sakramentsbegriff erfolgte Vergöttlichung des Mahlgeschehens in mehrfacher Weise zur Veränderung der Feierpraxis: Die feierliche Elevation der Elemente bereitete in Verbindung mit der Hochstilisierung des Priesteramts zum einen die exklusive Nutzung des Kelchs durch den Priester vor. Zum anderen entwickelte sich ab dem 12. Jahrhundert in der Messe die Praxis der sog. Augenkommunion. Die Teilnahme am Abendmahl vollzog sich hier durch bloßes Zusehen.[36] Auch im Ablauf des Jahres fand diese Frömmigkeit ihren Niederschlag. Angestoßen durch eine Vision Julianas von Lüttich (1209) – „Scheibe des Vollmondes, wobei eine dunkle Stelle das Fehlen eines besonderen Festes zu Ehren der Eucharistie aufzeigt"[37] – entwickelte sich zu Beginn des 14. Jahrhunderts das Fronleichnamsfest. Zu dessen Erfolg trug wohl nicht zuletzt die – erstmals 1277 greifbare – Sakramentsprozession bei, die im Lauf der Zeit immer reichhaltiger als Flurumgang ausgestaltet wurde[38] und in katholisch geprägten Gegenden bis heute stattfindet.

Dazu zeigt ein Blick auf die Benediktionspraxis, wie sehr magische Praktiken das Leben der Menschen bestimmten.[39]

„Vor allem die mittelalterlichen Bußbücher beschreiben vielfältige Hexenkünste, Zauberbräuche, Weissagungen und Ähnliches, was auf den großen Abstand zwischen offizieller theologischer Lehre

---

[36] S. Meyer, Hans Bernhard, Eucharistie. Geschichte, Theologie, Pastoral (GDK 4), Regensburg 1989, 233, 499.
[37] Auf der Maur, Hansjörg, Feiern im Rhythmus der Zeit I. Herrenfeste in Woche und Jahr (GDK 5), Regensburg 1983, 203.
[38] S. zum Einzelnen a. a. O. 203 f.
[39] S. Baumgartner, Jakob, Ein geschichtlicher Durchblick durch die Segnungen, in: Ders. (Hg.), Gläubiger Umgang mit der Welt. Die Segnungen der Kirche, Einsiedeln 1976, 50–92, 75–81.

und dem Volksglauben, den aber auch viele Kleriker teilten, hinweist."[40]

In der theologisch neu ansetzenden Reformation bediente man sich des Instruments *Katechismus*, um die verbreitete Unkenntnis der Menschen in Glaubensfragen zu beenden. Das legte sich angesichts der erwähnten Missstände nahe, setzte aber das verengte, letztlich eindimensionale Verständnis von Glaube im Sinn von Satzwahrheiten fort, ja verstärkte es noch. Dies sowie das Bemühen, hierüber hinauszureichen, kommt in der Frage 21 des Heidelberger Katechismus zum Ausdruck, in dem Glaube durch die „drei Elemente notitia, assensus und fiducia (Erkenntnis, Zustimmung und Vertrauen)"[41] bestimmt wird.

Die Reduktion von „Glauben" auf Lehrsätze bzw. -formeln reicht bis in die Gegenwart. Ein Beispiel ist – wie eingangs erwähnt – das Apostolicum, das sonntags bis heute in den meisten evangelischen Kirchen gesprochen wird. Bereits Ende des 19. Jahrhunderts wiesen Theologen im sog. Apostolikumsstreit, der sich auf dessen Verwendung in Taufe, Konfirmation und Ordination bezog, auf die Problematik einzelner hier bekannter Lehrsätze wie die Jungfrauengeburt oder Christi Höllenfahrt hin.[42]

Zwar gehört das Auswendig-Lernen des Katechismus im Konfirmandenunterricht mittlerweile der Vergangenheit an, doch folgen bis heute z. B. religionssoziologische Untersu-

---

[40] Grethlein, Christian, Benediktionen und Krankensalbungen, in: Schmidt-Lauber, Hans-Christoph/Meyer-Blanck, Michael/Bieritz, Karl-Heinrich (Hg.), Handbuch der Liturgik, Göttingen 2003³, 551–574, 556.

[41] Jüngel, Eberhard, Glaube IV. Systematisch-theologisch, in: RGG⁴ 3 (2000), 953–974, 965.

[42] S. knapp Dunkel, Daniela, Apostolikumsstreit, in: RGG⁴ 1 (1998), 650 f.

chungen diesem Verständnis, wie entsprechende Items bei Umfragen zeigen.

Insgesamt ergibt sich: Der Inhalt von „Glauben" (πιστεύειν) veränderte sich im Laufe der Christentumsgeschichte stark. *Ausgehend von dem Ruf Jesu in die Nachfolge, die untrennbar Vertrauen auf Gott als Schöpfer und daraus folgende Lebensgestaltung umfasste, wurde „Glaube" zunehmend zu einem lehrmäßig, also kognitiv bestimmten Konzept.* Zumindest in der römisch-katholischen Kirche wurde dies auch explizit im – selbst angemaßten – kirchlichen Lehramt begründet.

So legt das I. Vaticanum (1870) – bis heute gültig – fest: „Folglich muss mit göttlichem und katholischem Glauben all das geglaubt werden, was im geschriebenen und überlieferten Wort Gottes enthalten ist und was von der Kirche durch feierlichen Urteilsspruch oder auch durch ihr ordentliches und allgemeines Lehramt als göttlich geoffenbart zu glauben vorgelegt wird" (DH 3011).[43]

Die dadurch ermöglichte Vereinheitlichung in sog. Glaubensbekenntnissen, später Katechismen und offiziellen kirchlichen Verlautbarungen hatte Separationen und Exklusionen als Begleiterscheinungen. Von der im Wirken Jesu gelegten Grundlage des Christseins her gesehen: Die universale Ausrichtung von Jesu Botschaft der Gottesherrschaft drängte zunehmend deren inklusiven Charakter in den Hintergrund bzw. stand ihm entgegen. Inhaltlich drohte zudem die Einsicht in den vorläufigen Charakter christlicher Erkenntnis verloren zu gehen, wie ihn Paulus anschaulich formulierte: „Wir sehen jetzt durch einen Spiegel in einem dunklen Bild; dann aber von Angesicht zu Angesicht. Jetzt erkenne ich stückweise; dann aber werde ich erkennen, gleichwie ich erkannt bin." (1Kor 13,12)

---

[43] Zitiert nach Ohst, Glaube 95.

Statisch fixierte Glaubenssätze eröffneten in der Aufklärung und anschließenden historischen Forschungen vielfältige Möglichkeiten zu Kritik und Einspruch. Dazu wurde zwar immer wieder der Zusammenhang von Glauben und Handeln reklamiert. So rekurrierte z. B. Dietrich Bonhoeffer in seiner Auseinandersetzung mit Anhängern der Reichskirche – gegenüber der Bekennenden Kirche – auf das Konzept der Nachfolge und erinnerte so an den Ausgangspunkt des Glaubensverständnisses im Wirken Jesu.[44] Im landeskirchlichen Bereich konnte er sich damit aber nicht durchsetzen.

Empirisch dominiert dagegen seit Längerem ein strikt *subjektivistisches Verständnis von Glauben*. Dies folgt aus der „radikale(n) Inkonsistenz individueller Erfahrung und insbesondere durch die hohe Optionsvielfalt bezüglich des sozialen Handelns wie auch dessen Sinndeutung"[45] in der gegenwärtigen pluralistischen Gesellschaft. Herkömmliche Glaubenslehren bzw. -sätze müssen so entweder durch subjektive Erfahrung verifiziert werden oder bleiben unbeachtet.

3. Kirche – von pluriformen Gemeinschaften zur staatsanalogen Institution

Schon der sprachliche Befund zu „Kirche" weist auf Spannungen hin: „Das neutestamentliche Äquivalent für ‚Kirche' ist der griechische Begriff ἐκκλησία (ekklesia), der sich auch als

---

[44] S. hierzu die knappe Darstellung bei Tietz, Christiane, Der Glaube – sein Charakter, seine Nachbar- und Gegenbegriffe aus systematisch-theologischer Perspektive, in: Horn, Friedrich (Hg.), Glaube (Themen der Theologie 13), Tübingen 2018, 133–161, 157.

[45] Hermelink, Jan, Glauben – die Perspektive der Praktischen Theologie auf die gegenwärtige christliche Religion, in: Horn, Friedrich (Hg.), Glaube (Themen der Theologie 13), Tübingen 2018, 163–195, 184.

Lehnwort im Lateinischen findet. Etymologisch handelt es sich bei dem deutschen Wort ‚Kirche' allerdings vermutlich um eine Ableitung von dem griechischen Adjektiv κυριακός (‚zum Herrn gehörig'). Damit steht eine inhaltliche Bestimmung im Zentrum: Kirche ist die Gemeinschaft derer, die sich im Namen und zur Anrufung ihres Herrn Jesus Christus versammeln."[46] Im Einzelnen finden sich im Neuen Testament *recht unterschiedliche Beschreibungen für die Gemeinschaft der Christinnen und Christen:*

„Bei Paulus steht sie neben Beschreibungen wie ‚Geheiligte in Christus Jesus' (1Kor 1,2), ‚berufene Heilige' (1Kor 1,2; Röm 1,7); ‚die den Namen unseres Herrn Jesus Christus anrufen' (1Kor 1,2; Röm 10,12; vgl. Apg 9,14,21) oder ‚die Glaubenden' (z. B. 1Thess 1,7; 1Kor 7,21). In anderen Schriften begegnen Ausdrücke wie μαθηταί (‚Jünger'; vgl. etwa Apg 6,1 f.; 11,26), οἱ ἴδιοι (‚die Seinen'; vgl. Joh 13,1) oder Bilder wie das auf der Wanderung befindliche Gottesvolk (Hebr 4), die Herde (Apg 20), die Reben am Weinstock (Joh 15,5) oder der Leib (1Kor 12,12–27; Röm 12,4 f.; vgl. Kol 1,18; Eph 1,22 f.; 4,15 f.; 5,23)."[47]

Es wird also in pluriformer Weise die Besonderheit der christlichen Gemeinschaft formuliert.[48]

Auf jeden Fall war die Gemeinschaft mit Anderen für Jesus und sein Wirken wichtig. Im Neuen Testament werden neben den zwölf Jüngern, wobei die überlieferten Namenslisten im Einzelnen etwas differieren,[49] viele Andere genannt. Jesus sprach sogar – in kritischer Abgrenzung zu seiner Herkunftsfamilie (s. Mk 3,20 f.) – von *„seiner" Familie,* also von denen, die Gottes Willen tun (Mk 3, 35). Hierzu gehörten auch „Sün-

---

[46] Schröter, Jens, Die Anfänge christlicher Kirche nach dem Neuen Testament, in: Albrecht, Christian (Hg.), Kirche (Themen der Theologie 1), Tübingen 2011, 37–80, 38.

[47] A. a. O. 39.

[48] S. a. a. O. 39.

[49] Schröter, Jesus 169 f.

der, Zöllner und Prostituierte" (s. Mk 2,14–17; Luk 19,1–10).[50] Diese „Familie" zeichnete sich durch ein bestimmtes Ethos aus:
- „die aus der erfahrenen Vergebung Gottes resultierende Vergebungsbereitschaft"[51],
- eine distanzierte Haltung zum Besitz – „In Entsprechung zum radikalen Besitzverzicht in der Nachfolgegemeinschaft warnt Jesus seine Adressaten davor, ihr Herz an irdisches Hab und Gut zu hängen."[52] –
- sowie „in Analogie zur Verkehrung von Herrschen und Dienen die Ausrichtung an der Herrschaft Gottes, die derjenigen irdischer Machthaber Grenzen setzt."[53]

Neben den zwölf männlichen Jüngern, deren Kreis allerdings nur kurz Bestand hatte,[54] gehörten ebenfalls Frauen zu den Jesus Nachfolgenden. Das zeigt sich u. a. auch daran, dass offensichtlich die ersten, die das Grab Jesu leer fanden, Frauen waren: Maria Magdala, Maria, die Mutter des Jakobus, und Salome (Mk 16,1; s. Mt 28,1; Luk 23,55). Dem entspricht, dass Jesus – wie zahlreiche Erinnerungen an entsprechende Begegnungen und Gespräche zeigen – einen für die damalige patriarchalische Gesellschaft erstaunlich offenen Umgang mit Frauen pflegte.[55]

Ausgehend von solchen Verbindungen zu Lebzeiten Jesu gab das als Auferweckung gedeutete Geschehen den entscheidenden Impuls für das Entstehen von Gemeinschaften, deren Zugehörige – wie bereits erwähnt – bald als „Christen"

---

[50] A. a. O. 227.
[51] A. a. O. 227.
[52] A. a. O. 228.
[53] A. a. O. 232 f.
[54] S. a. a. O. 169.
[55] S. genauer Becker, Jesus 34 f.

(Χριστιανοί) bezeichnet wurden. Sie mussten „ihr Selbstverständnis [...] im Gegenüber sowohl zum Judentum als auch zur heidnischen Gesellschaft entwickeln."[56]

Blickt man genauer auf die inhaltliche Bestimmung des für „Kirche" zentralen neutestamentlichen Begriffs „ἐκκλησία", so umfasst dieser *vier Sozialformen*:
„– Ekklesia bezeichnet die Christen im ökumenischen, also den ganzen bewohnten Erdkreis umspannenden Sinn (1Kor 4,17; Mt 16,18).
- ,Ekklesiai' (Plural) begegnen in Städten, etwa in Korinth (1Kor 1,2),
- oder in Landschaften, z. B. in Syrien und Zilizien (Apg 15,41).
- Auch die Institution des Hauses, also die soziale Vorform der Familie, wird mehrfach ,ekklesia' genannt (Röm 16,5; 1Kor 16,19; Phlm 2; Kol 4,13)."[57]

Demnach stehen also – in heutiger Sprache formuliert – Hausgemeinde, Ortsgemeinde, Landeskirche und weltweite Ökumene gleichberechtigt nebeneinander. Dazu ist aus gegenwärtiger Sicht interessant, dass offenkundig nicht die face-to-face-Kommunikation für „Ekklesia" konstitutiv war. Denn diese war zumindest auf der weltweiten Ökumene-Ebene damals nicht realisierbar.[58] Entscheidend war die Verbindung zu Jesus Christus bzw. zu dem von ihm kommunizierten Evangelium.

---

[56] Schröter, Anfänge 43.

[57] Grethlein, Theologie 338; s. zu den einzelnen Textbefunden Schmidt, Karl Ludwig, Ekklesia, in: ThWNT Bd. 3 (1938/1957), 502–535; s. zum paulinischen Kirchenverständnis Eckstein, Hans-Joachim, Gottesdienst im Neuen Testament, in: Ders./Heckel, Ulrich/Weyel, Birgit (Hg.), Kompendium Gottesdienst, Tübingen 2011, 22–41, 40.

[58] S. Grethlein, Christian, Kirchentheorie. Kommunikation des Evangeliums im Kontext, Berlin 2018, 34.

3. Kirche – von pluriformen Gemeinschaften

Erstaunlich ist schließlich bei der neutestamentlichen Ausarbeitung der Formen christlicher Gemeinschaft im Neuen Testament, dass die ersten, im Einzelnen noch wenig spezifischen *Funktionsbezeichnungen* wie „Episkopos" (Aufseher, Inspektor; später: Bischof) oder „Diakonos" (Diener) nicht dem kultisch-religiösen Bereich entstammten. „Der in der Antike geläufige Begriff des ‚Hiereus' (Priester) wurde demgegenüber ‚offenbar konsequent gemieden'."[59] Von daher empfiehlt es sich nicht, beim Bezug auf das Neue Testament und auch frühe Entwicklungen im 2. Jahrhundert Attribute wie „religiös" zu verwenden. Es ging umfassender um die *soziale Gestaltung einer Lebensform,* nicht eines Kultes. „Die im heutigen Sprachgebrauch übliche Zuordnung von ‚Kirche' primär zum kultisch-religiösen Bereich [...] hat [...] im Neuen Testament kein Fundament."[60]

Zutreffend fasst Jörg Frey den exegetischen Befund zu „Kirche" in Hinblick auf spätere Diskussionen zusammen: „Viele der später virulenten Fragen um Strukturen, Ämter und Ämterfolge, Taufe und Abendmahl etc. sind in den ntl. Schriften noch kein Thema oder zumindest nicht einheitlich gelöst. Eine ‚biblische' Ekklesiologie gibt es daher nicht, und Fragen der Gemeinde- und Ämterordnung lassen sich nicht derart ‚biblizistisch' lösen, dass man bestimmte im NT gegebene Strukturen festschreiben könnte."[61]

Gemeinsame Mahlzeiten reichten bis ins Wirken Jesu zurück und standen von Anfang an im Mittelpunkt der in Häusern

---

[59] A.a.O. 35, unter Bezug auf Frey, Jörg, Neutestamentliche Perspektiven, in: Kunz, Ralph / Schlag, Thomas (Hg.), Handbuch für Kirchen- und Gemeindeentwicklung, Neukirchen-Vluyn 2014, 31–41, 32.
[60] Grethlein, Kirchentheorie 35.
[61] Frey, Perspektiven 31.

begangenen Zusammenkünfte der Christinnen und Christen. Dabei konnten – wie auch heute bei geselligem Zusammensein – unterschiedliche Speisen serviert werden: „Belegt sind Feiern mit Brot und Wein, Käse und Quark, Milch und Honig, Öl, Salz, Obst und Gemüse sowie Fisch. Auffällig ist dabei, dass wohl weder Fleisch noch Wein zum Standardprogramm gehören."[62]

Solches Zusammensein wurde sehr unterschiedlich gedeutet. Bruce Chilton spricht sogar von einem *„feast of meanings"*[63]. Peter Cornehl stellte die Fülle der hier herangezogenen Motive und Kontexte knapp zusammen:

„- Brotbrechen und Teilen: die Materialität des Essens, der Zusammenhang von Armut, Hunger, Sättigung (vgl. Mt 6,11; Lk 6,20f., 25f. in Verbindung mit Dtn 10,17f.; Ps 146,7; Jes 58,7; Ez 18,7; Spr 22,22f.; 25,21; 31,8f.; Mt 25,35).
- Das Mahl als Eucharistie und Eulogie: der Dank für die Gaben und der Lobpreis des Schöpfers und der Schönheit seiner Schöpfung (vgl. Ps 104,14ff., 27ff.; Ps 145,15ff. sowie die frühjüdischen und frühchristlichen Mahlgebete, z. B. in Did. 9f.).
- Die Überlieferungen von der wunderbaren Speisung des Gottesvolkes bei der Befreiung aus der Knechtschaft (Passa, Ex 12f.) und beim Zug durch die Wüste (Manna, Num 11; 25,1); die Speisung der Fünftausend unter freiem Himmel (Mk 6,34ff.; 8,1ff. par.; Joh 6) – im Unterschied zu den intimen Mahlzeiten im Hause (Lk 24,30ff.).
- Mahlgemeinschaft und Vergebung samt Festfreude und Jubel (Dtn 12,7; 16,11.14f.: Neh 8,12; Mk 2,15ff.19; Lk 14,12ff.; 15,7.22ff.); aber auch

---

[62] Stein, Hans Joachim, Frühchristliche Mahlfeiern. Ihre Gestalt und Bedeutung nach der neutestamentlichen Briefliteratur und der Johannesoffenbarung (WUNT II 255), Tübingen 2008, 11 (als Zusammenfassung der Einzelbefunde bei McGowan, Andrew, Ascetic Eucharists. Food and Drink in Early Christian Ritual Meals, Oxford 1999, 89–142).

[63] Chilton, Bruce, A Feast of Meanings. Eucharistic Theologies from Jesus through Johannine Circles (NT.S 72), Leiden 1994.

3. Kirche – von pluriformen Gemeinschaften   31

- der Kontext des letzten Mahls ‚in der Nacht des Verrats' und der Auslieferung (1 Kor 11,23); die Gefährdung der Gemeinschaft von außen und innen (der Verräter ist beim letzten Mahl dabei, Mk 14,18 ff.), Bekennen und Verleugnen und die Notwendigkeit ernster Selbstprüfung (‚Herr, bin ich's?').
- Das dunkle Rätsel des Todes Jesu und die Deutung seines Sterbens und seiner Lebenshingabe ‚für uns' durch die kulttheologischen Kategorien Opfer, Sühne, Bundesmahl (vgl. Lev 4,22; 16,14 ff., 20ff; 17,11; Jes 43,22 ff.; 53,4 ff.; Jer 31,31 ff.; 38,11; Röm 3,25; Gal 3,13; 2 Kor 5,21; Mk 10,45; Heb 9,11 ff.; 10,10 ff.; 13,11 ff., Apk 1,5; 5,9) – besonders in Verbindung mit dem Kelchwort, Mk 14,24 par.
- Der Zusammenhang zwischen Mahl und Gemeinschaft und die Verbindlichkeit des Leibes Christi (1 Kor 10–12; Röm 12; Eph 4,15 ff.).
- Die Erwartung des endzeitlichen Festmahls für Israel und die Völker in universaler Perspektive (Jes 25,6 ff.; Lk 13,29; Mk 14,25; Lk 22,29 f.).
- Der Zusammenhang zwischen dem Gottesdienst der irdischen und der himmlischen Gemeinde (Apk 3,20; 4, f.; 7,9 ff.; 19,9; Did. 9 f.)."[64]

Anfangs war jedenfalls auch hier die inklusive und universale Ausrichtung bestimmend, wie sie für Jesu Wirken kennzeichnend war. Doch wurde bei Anwachsen der Zahl von Christinnen und Christen das gemeinsame Sättigungsmahl schwieriger zu praktizieren. Zugleich veränderte sich die Zeit für das Zusammensein. Aus dem sich am abendlichen Symposion orientierenden „Abendmahl" wurde ab Beginn des 3. Jahrhunderts eine nicht mehr der Sättigung dienende Zusammenkunft am Morgen. Dabei gaben die damals im Verkehr zwischen Patron und Klienten üblichen „morning salutatio-

---

[64] Cornehl, Peter, Der Evangelische Gottesdienst – Biblische Kontur und neuzeitliche Wirklichkeit Bd. 1. Theologischer Rahmen und biblische Grundlagen, Stuttgart 2006, 228 f.

nes" den Rahmen vor.[65] Die zunehmend dominanten, dem damaligen gesellschaftlichen Kontext – nicht dem frauenfreundlichen Verhalten Jesu[66] – entsprechenden männlichen Bischöfe nahmen hier die Rolle der Patrone ein. Damit war wohl auch verbunden, dass jetzt erstmals Verbote für Ungetaufte begegnen, an der Mahlfeier teilzunehmen.[67] Hierarchische und somit auch abgrenzende Bestimmungen treten an die Stelle des inklusiven Grundimpulses von Jesu Wirken.[68]

Ähnliches lässt sich bei der *Taufe* beobachten. Johannes vollzog sie als jüdisches Ritual zur Sündenvergebung, das – wie erwähnt – auch Jesus empfangen hatte. Dieser Wasserritus scheint – trotz der offenen Frage, ob Jesus selbst taufte (s. Joh 4,1 f.) – von Anfang an in den neu entstehenden Gemeinschaften vollzogen worden zu sein. So setzt z. B. Paulus, der wohl selbst etwa fünf Jahre nach Jesu Tod getauft worden war,[69] in seinen meisten Briefen die Taufe als selbstverständlich voraus.

Christoph Markschies konstatiert hierzu: „Wie freilich dieser Prozess der Verselbständigung (und Ritualisierung) der Taufe in so erstaunlich kurzer Zeit genau ablief und wieso er so stattfand, bleibt wohl auch mangels Quellen im Dunkel und ist ein Zeichen der ungeheuer beschleunigten hochdynamischen Entwicklung des frühen Christentums."[70]

---

[65] S. Leonhard, Clemens, Morning salutationes and the Decline of Sympotic Eucharists in the Third Century, in: ZAC 18 (2014), 420–442.
[66] S. Becker, Jesus 34 f.
[67] S. Schröter, Jens, Das Abendmahl. Frühchristliche Deutungen und Impulse für die Gegenwart (SBS 210), Stuttgart 2006, 71.
[68] Zur historischen Entwicklung der Eucharistiefeier und ihres Verständnisses im Laufe der Jahrhunderte s. knapp, aber differenziert Meyer, Eucharistie 520–524.
[69] S. Grethlein, Christian, Taufpraxis in Geschichte, Gegenwart und Zukunft, Leipzig 2014, 19.
[70] Markschies, Christoph, Einführung in: Hellholm, David (Hg.), Ab-

3. Kirche – von pluriformen Gemeinschaften

Der einzige Bericht von einer konkreten Taufe im Neuen Testament (Apg 8,26–39) zeigt, dass es anfangs weder eine Prüfung zur Zulassung gab noch der Anschluss an eine konkrete Gemeinschaft notwendig war. Philippus taufte den Kämmerer aus Äthiopien sofort auf Grund von dessen Wunsch und dieser zog nach vollzogener Taufe „fröhlich" seines Wegs.

Inhaltlich prägte der *Christusbezug* das Profil der Handlung, was sich in deren inklusivem bzw. egalitärem Grundcharakter zeigte, wie ihn Paulus radikal formulierte: „Hier ist nicht Jude noch Grieche, hier ist nicht Sklave noch Freier, hier ist nicht Mann noch Frau; denn ihr seid allesamt einer in Christus Jesus." (Gal 3,28) Schon bald kam es aber hinsichtlich des Täufers zu einer Konzentration bzw. Reduktion auf das Presbyter-Episkopenamt.[71] „Damit wurde die Taufe in die kirchliche Hierarchie eingegliedert."[72]

Dies hatte als eine Konsequenz die pädagogische Profilierung von Taufe, konkret als Abschluss des Katechumenats. So bestimmte die – wohl bis ins Ende des 2. Jahrhunderts in Ägypten zurückreichende – Traditio Apostolica (XVII): „1. Die Katechumenen sollen drei Jahre das Wort hören (oder: unterrichtet werden)./2. Wenn aber einer eifrig ist und recht bei der Sache ausharrt, so soll man nicht die Zeit, sondern das

---

luition, Initiation, and Baptism. Waschungen, Initiation und Taufe (BZNW 176/1), Berlin 2011, I–XIII, II.

[71] S. zu den dahinterstehenden, komplizierten historischen Prozessen – aus unterschiedlicher konfessioneller Perspektive – Frey, Jörg, Apostelbegriff, Apostelamt und Apostolizität. Neutestamentliche Perspektiven zur Frage nach der ‚Apostolizität' der Kirche, sowie Söding, Thomas, Geist und Amt. Übergänge von der apostolischen zur nachapostolischen Zeit, in: Schneider, Theodor / Wenz, Gunter (Hg.), Das kirchliche Amt in apostolischer Nachfolge Bd. 1. Grundlagen und Grundfragen (DiKi 12), Freiburg 2004, 91–188 bzw. 189–263.

[72] Grethlein, Taufpraxis 26.

Verhalten beurteilen."[73] Zum einen wurde damit die inhaltliche Profilierung des Christseins gefördert. Zum anderen veränderte sich aber der Charakter der Taufe. Sie wurde von einem Ausdruck der frei gewählten Nachfolge Jesu zu einem episkopal, also obrigkeitlich geordneten Eintrittsritual in die christliche Kirche.[74]

Während sich die eben skizzierten Entwicklungen christlicher Gemeinschaft in den ersten beiden Jahrhunderten nach Jesu Tod regional durchaus unterschiedlich vollzogen, kam es im vierten Jahrhundert zu einem tiefgreifenden Wandel.[75] *Christsein wurde von einer teilweise sogar staatlich verfolgten zu einer zuerst geduldeten, dann obrigkeitlich geförderten und schließlich erzwungenen Lebensform.* „380 identifizierte Kaiser Theodosius die Zugehörigkeit zum Reich und zur (rechtgläubigen) Kirche."[76] Konsequenz daraus war, „daß die Kirchenzugehörigkeit einen Bestandteil des normalen, von der politischen Ordnung vorausgesetzten Rechtsstatus jedes Reichsangehörigen bildet".[77] Gewaltmaßnahmen gegen Nichtkirchenmitglieder waren, theologisch in entsprechenden

---

[73] Zitiert nach Roosen, Rudolf, Taufe lebendig. Taufsymbolik neu verstehen, Hannover 1990, 19.

[74] S. Grethlein, Taufpraxis 28.

[75] S. zur hier im Hintergrund stehenden „Regionalisierung und Zentralisierung der Kirche im Mittelalter" Gemeinhardt, Peter, Die Kirche zwischen theologischem Anspruch und historischer Wirklichkeit, in: Albrecht, Christian (Hg.), Kirche (Themen der Theologie 1), Tübingen 2011, 81–130, 89–96.

[76] Grethlein, Taufpraxis 34.

[77] Huber, Wolfgang, Auf dem Weg zu einer Kirche der offenen Grenzen, in: Lienemann-Perrin, Christine (Hg.), Taufe und Kirchenzugehörigkeit. Studien zur Bedeutung der Taufe für Verkündigung, Gestalt und Ordnung der Kirche (FBESG 39), München 1983, 488–514, 494.

Äußerungen von Augustin und auch Thomas von Aquin begründet, Konsequenzen hieraus.[78]

Diese Verschränkung von obrigkeitlicher bzw. staatlicher und kirchlicher Zugehörigkeit wirkt, wenngleich mehrfach modifiziert und abgemildert, bis in heutige staatskirchenrechtliche Konstruktionen, jedenfalls in Deutschland. So erfolgt hier z. B. nach wie vor der Austritt aus der Kirche vor einer staatlichen Stelle.

Konkret anschaulich wird dies in der *Taufpraxis*. Hier dominiert – bei Wegfall des sich an Erwachsene richtenden Taufkatechumenats – ab dem 5. Jahrhundert die Kindertaufe. Dabei führte die Verbindung von Kirche und Obrigkeit zunehmend zu einem *Taufzwang*. Dieser bahnte sich bereits durch die spektakuläre Taufe des Frankenkönigs Chlodewig (498) an. Ihr folgten bald die meisten ihm zugeordneten Adeligen und dann auch die sonstigen Untertanen. „Inhaltliche Gesichtspunkte oder gar ein ausführliches Katechumenat waren nicht vorgesehen."[79] Extremer war noch der Druck, den Karl d. Gr. auf den sächsischen Herzog Widukind ausübte. Nach militärischen Auseinandersetzungen unterwarf sich Widukind Karl, indem er sich taufen ließ – und Karl die Patenschaft übernahm.[80] Letztlich hatte Widukind als Unterlegener nur die Wahl zwischen Taufe oder Tod.

„Unter den Karolingern war es sogar gesetzlich vorgeschrieben worden, dass jedes Kind zu taufen sei."[81] Zwar gab es durchaus Gegenstimmen wie etwa von Karls Hoftheologen

---

[78] S. ausführlich hierzu Rommelspacher, Birgit, Wie christlich ist unsere Gesellschaft? Das Christentum im Zeitalter von Säkularität und Multireligiosität (Edition Kulturwissenschaft 102), Bielefeld 2017, 101–130.
[79] Grethlein, Taufpraxis 46.
[80] S. a. a. O. 45.
[81] Müller, Andreas, Tauftheologie und Taufpraxis vom 2. bis zum

Alkuin. Doch konnten sie sich nicht durchsetzen. Organisatorisch zog diese *Gleichsetzung von Obrigkeits- bzw. Staatszugehörigkeit und Getauft- bzw. Kirchenglied-Sein* das parochiale System nach sich. Flächendeckend konnten so die Untertanen kirchlich domestiziert werden. Bei den Taufen wurden sog. Stolgebühren fällig. Sie halfen die Finanzierung der flächendeckenden priesterlichen Versorgung sicherzustellen.[82] Die damit begonnene Einbindung der Taufe in das allgemeine Finanzsystem reicht – modifiziert in Form der Kirchensteuer[83] – in Deutschland bei den großen Konfessionskirchen bis heute.

Allerdings war die hier vorausgesetzte staatlich-kirchliche Obrigkeit nicht immer einig. Auseinandersetzungen um den Vorrang von Kirche, verkörpert im Papstamt, oder Kaisertum durchzogen das ganze Mittelalter. Auch gab es immer wieder Proteste gegen die episkopal-hierarchische – und aus heutiger Sicht: patriarchalische – Ordnung der Kirche. Kirchlich immanent fanden sie einen Ort etwa in Ordensgründungen. Daneben bildeten sich immer wieder sog. häretische Gemeinschaften. Doch blieb grundsätzlich die obrigkeitlich durchgesetzte, uniforme Kirchenzugehörigkeit aller Untertanen bis ins 16. Jahrhundert erhalten. Einen anschaulichen Ausdruck fand die damit verbundene Gewaltförmigkeit von Kirche in entsprechenden Kirchengebäuden wie Kathedralen, die – ethnologisch gesehen – als „Überwältigungsarchitektur" gelten können.

---

19. Jahrhundert, in: Öhler, Markus (Hg.), Taufe (Themen der Theologie 5), Tübingen 2012, 83–135, 111.

[82] S. Grethlein, Taufpraxis 46.

[83] S. ausführlich Hammer, Felix, Rechtsfragen der Kirchensteuer (JusEccl 66), Tübingen 2002.

3. Kirche – von pluriformen Gemeinschaften 37

„Mit ihrer monumentalen Architektur, mit der in Bild und Plastik visualisierten Bilderwelt der Bibel, den Gräbern und Reliquien der Heiligen, ihren Messen und Ritualen, den Beichten, dem Geruch des Weihrauchs und der Kerzen werden sie zu einem performativen Gesamtkunstwerk und für anderthalb Jahrtausende zur mächtigsten Propagandamaschine der Patrix".[84]

Dem/der Einzelnen wird hier eindrücklich die Macht von Kirche und der sie Bestimmenden erlebbar gemacht. Der Gegensatz des hier grundlegenden Kirchenkonzepts zum Auftreten, Wirken und Geschick Jesu und damit zum Grundimpuls für die christliche Lebensform ist evident.

Bei dieser Hochstilisierung von Kirche setzte Martin Luther mit seinem Protest an. In der *Reformation* geht es wesentlich um die Erneuerung von Kirche. Der Wittenberger Augustinermönch und Theologieprofessor stellte wieder die Inhalte der Kommunikation des Evangeliums, konkret die schriftbezogene Predigt sowie die Feier der beiden Sakramente Taufe und Abendmahl, ins Zentrum von Kirche. Sein gelehrter Mitstreiter Philipp Melanchthon formulierte dies in großer Klarheit im 7. Artikel der Confessio Augustana (1530): „Es wird auch gelehret, daß alle Zeit musse ein heilige christliche Kirche sein und bleiben, welche ist die Versammlung aller Gläubigen, bei welchen das Evangelium rein gepredigt und die heiligen Sakrament lauts des Evangelii gereicht werden." (BSLK 61) Dem Sonderstatus von Priestern und Bischöfen stellte der Reformator die These vom *allgemeinen Priestertum aller Getauften* entgegen:[85]

---

[84] van Schaik, Carel / Michel, Kai, Die Wahrheit über Eva. Die Erfindung der Ungleichheit von Frauen und Männern, Hamburg Dezember 2020, 530.
[85] S. Gemeinhardt, Kirche 99.

„Dan alle Christen / sein warhafftig geystlichs stands / vnnd ist vnter yhn kein vnterscheyd / denn des ampts halben allein, wie Paulus I. Corint. XII sagt / das wir alle sampt eyn Corper seinn / doch ein yglich glid sein eygen werck hat / damit es den andern dienet / das macht allis / das wir eine tauff / ein Euangelium / eynen glauben haben / vnnd sein gleyche Christen / den die tauff / Euangelii vnd glauben / die machen allein geistlich vnd Christen volck.

[...] Dem nach ßo werden wir allesampt durch die tauff zu priestern geweyhet." (WA 6, 407)

Tatsächlich waren – in der damaligen Gesellschaft, die vor allem aus illiteraten Menschen bestand – zum Erhalt der genannten „notae ecclesiae" theologisch gebildete Amtsträger notwendig (s. CA XIV). In dieser Standesgesellschaft verwundert es nicht, dass hieraus – rituell greifbar im sich langsam ausbildenden Akt der Ordination[86] – wiederum eine Zweiklassigkeit unter den Kirchenmitgliedern entstand. Sie findet sich bis heute im Evangelischen Kirchenrecht, wenn zwischen Ordinierten und Nichtordinierten unterschieden wird. Dass hinsichtlich dessen genauer Bestimmung bis heute eine hohe Unsicherheit in kirchenleitenden Gremien herrscht, zeigte sich z. B. angesichts der Frage von häuslichen Abendmahlsfeiern ohne Ordinierte während der Corona-Pandemie. So lehnte das EKD-Kirchenamt in einem ohne jede (biblisch-) theologische Begründung auskommenden Schreiben aus amtstheologischen Überlegungen solche Feiern ab,[87] während die Kirchenleitung der Württembergischen Landeskirche diese gestattete.[88] Dazu kam, dass durch die fundamentale

---

[86] S. hierzu Grethlein, Christian, Evangelisches Kirchenrecht. Eine Einführung, Leipzig 2015, 155–160.

[87] S. die „Hinweise zum Umgang mit dem Abendmahl in der Corona-Krise" (abgerufen am 14.07.2020 unter: https://www.ekd.de/hinweise-zum-umgang-mit-dem-abendmahl-in-der-corona-krise.54828.htm).

[88] S. Pressemitteilung KIRCHE FÜR MORGEN, Stellungnahme zum Thema Abendmahlsfeiern, Sindelfingen 07.04.2020.

reformatorische Kritik am Bischofsamt[89] die bisherige Leitungsstruktur von Kirche destruiert wurde. An ihre Stelle trat das landesherrliche Kirchenregiment, also eine enge Verflechtung von staatlicher und kirchlicher Obrigkeit.

Insgesamt hat sich also die „Kirche" genannte Gemeinschaft der Christinnen und Christen im Lauf ihrer Geschichte grundlegend verändert. Zuerst hatte sie sich gegenüber einer eher abwehrenden, teilweise sie sogar militant bekämpfenden Umwelt zu behaupten und musste entsprechende Organisationsformen finden. Vor allem die Herausbildung einer Ämterhierarchie nahm hier ein in der Antike allgemein übliches Strukturierungs- und Steuerungsinstrument auf. Durch die staatliche Förderung, dann sogar Anordnung der Zugehörigkeit zu Kirche veränderte sich die christliche Gemeinschaft noch weiter. Dabei waren innerkirchlich in Form von Orden sowie außerkirchlich durch sog. Häresien Abweichungen und damit ein gewisser Pluralismus präsent.

Die Reformation protestierte zwar grundsätzlich gegen die letztlich menschliche Konstruktion der römischen Kirche mit ihrem hypertrophen göttlichen Anspruch durch Verweis auf die Predigt des Evangeliums und die Sakramente als grundlegend. Doch in der notwendigen Neuorganisation der jetzt „evangelisch" genannten Kirchen bildete sich im Pfarramt wieder eine – wenngleich funktional und nicht ontologisch begründete – herrschaftliche Elite heraus sowie in der Institutionalisierung eine große Staatsnähe. Beides prägt bis heute in

---

[89] S. aber heute den neuen Begründungsversuch des bischöflichen Amtes bei Ruck-Schröder, Adelheid, Das Bischofsamt als Amt der Ermöglichung. Vorschlag einer Neu-Kontextualisierung, in: Domsgen, Michael/Lienau, Anna-Katharina/Saß, Marcell/Schröder, Bernd (Hg.), Christsein. Beiträge zur Morphologie und Topologie einer Lebensform (APrTh 98), Leipzig 2024, 413–425.

Deutschland die evangelischen Landeskirchen. Reformerische Aufbrüche wie im Pietismus oder in Wicherns Impuls zur Diakonie konnten daran nichts Grundlegendes ändern. Dazu fällt auf, dass bereits in Melanchthons zitierter Bestimmung von Kirche nur zwei der Modi der Kommunikation des Evangeliums Berücksichtigung fanden, wie sie für Jesu Wirken charakteristisch waren: das Lehren und Lernen – in Form der Predigt – sowie das gemeinschaftliche Feiern – in Form der beiden Sakramente. Das Helfen zum Leben, der vermutlich am meisten zum Bekanntwerden Jesu beitragende Kommunikationsmodus, blieb unberücksichtigt.

4. Religion – späte Karriere eines antiken Begriffs

Im Gegensatz zu den beiden bisher behandelten Begriffen „Glaube" und „Kirche" findet sich – wie erwähnt – „Religion" nicht in der Bibel. Dieser Terminus geht auf die *altrömische* „*religio*" zurück. Cicero leitete ihn von „religere" – „immer wieder durchgehen", „genau beachten" – ab und bezeichnete damit „die gewissenhafte Beachtung dessen, was die Götter von den Menschen verlangen".[90] Konkret benennt er die kultischen Verpflichtungen, die aus der jeweiligen Gottesverehrung resultieren. Dabei wird „religio" bereits bei Cicero einem anderen Begriff, nämlich dem der „iustitia" (Gerechtigkeit), untergeordnet.

Mit der Duldung des Christseins unter Konstantin und dann dessen Proklamation zur staatlich bevorzugten Form der Gottesverehrung unter Theodosius I. wird „religio" zu einem

---

[90] Wagner, Falk, Religion II. Theologiegeschichtlich und systematisch-theologisch, in: TRE 28 (1997), 522–545, 523.

auch auf das Christentum angewendeten Konzept. Damit einher geht die bereits genannte Transformation in eine priesterlich bestimmte, kultisch geprägte Sozialform, die entsprechend dem antiken Kontext des sozialen Lebens in einer ausdifferenzierten Ämterhierarchie ihren Ausdruck fand. Bereits bei Augustin kam es zur Entgegensetzung der – christlichen – „religio vera" (richtigen Religion) zur „religio falsa" (falschen Religion) polytheistischer Kulte.[91]

Eine Zuspitzung erfuhr diese Profilierung des Christseins als „religio" dadurch, dass dieser Begriff „während des gesamten Mittelalters" „den mönchischen Ordensstand (status religionis)" bezeichnen konnte, „weshalb der Mönch als religiosus gilt."[92] Grund dafür ist – entsprechend der kultischen Prägung des Religionsbegriffs –, dass die Mönche durch ihre strikte liturgische Frömmigkeit in Form der Stundengebete als vorbildlich für das christliche Leben galten.

Eine neue Akzentuierung erhielt „Religion" durch die reformatorischen Auseinandersetzungen. So firmierte der Friedensschluss auf dem Augsburger Reichstag (1555) als „Religionsfrieden". Damit wurde das Vorhandensein unterschiedlicher Formen christlicher Religion anerkannt, allerdings ohne dauerhaft friedensstiftend zu wirken, wie spätestens der Dreißigjährige Krieg zeigte. Auf jeden Fall erhielt durch den Augsburger *Religonsfrieden* „Religion" auch eine (reichs)rechtliche Bedeutung.[93]

Doch bilden diese Entwicklungen nur die Vorgeschichte zum Religionsbegriff, wie er seit dem 18. Jahrhundert die philosophisch-theologischen und dann auch soziologischen, recht-

---

[91] S. a. a. O. 524.
[92] A. a. O. 524.
[93] S. a. a. O. 525.

lichen und pädagogischen Reflexionen und Bemühungen bestimmt. Besonders wurde jetzt – gegenüber den überkommenen dogmatischen Konstruktionen – der Begriff der *„natürlichen Religion"* entwickelt und verwendet. Falk Wagner konstatiert:

„Mit der etablierten Unterscheidung der natürlichen bzw. vernünftig-moralischen von der positiv-geoffenbarten Religion ist nicht nur die endgültige Verallgemeinerung des Religionsbegriffs erreicht, durch die er eine ‚Gegebenheit' oder ‚Anlage' des individuellen Menschseins ebenso bezeichnet wie überindividuelle soziale Sinnsysteme, die ethnologisch universal zu sein scheinen. Der als Vernunft- und Moralreligion ausgelegte Begriff der natürlichen Religion stellt darüber hinaus den zeitlich ersten Typ eines modernen Religionsverständnisses dar, der seine Relevanz auch nach seiner Kritik und Relativierung durch die Ausbildung weiterer Typen nicht verliert."[94]

War seit dem Westfälischen Frieden (1648) im mitteleuropäischen Bereich jeder Mensch der „Religion" bzw. Konfession und damit dem Kirchenregiment seines Wohnortes zugeordnet, so breitete sich in der theoretischen Diskussion eine *bewusstseinsbezogene Auslegung* aus. Das individuelle religiöse Bewusstsein wurde zum konstituierenden Grund von Religion. Dies führte zu einer grundsätzlichen Verlagerung: Die „transzendente ‚Realität' der Gottesidee (wurde) durch die Bewußtseinsimmanenz des religiösen Subjekts ersetzt."[95] Dies konnte gut mit der ursprünglichen kultischen Prägung des Religionsbegriffs verbunden werden, insofern die Menschen im Kult agieren. Darüber hinaus eröffneten sich jedoch neue Perspektiven zu individuell geformter Gottesverehrung, die dann im 19. Jahrhundert auch zur atheistischen Kritik am

---

[94] A.a.O. 526.
[95] A.a.O. 528.

4. Religion – späte Karriere eines antiken Begriffs

Gottesverständnis – etwa bei Feuerbach, Marx und später Freud – weitergeführt werden konnten.[96]

Allerdings erlangte der Religionsbegriff inzwischen neue Bedeutung dadurch, dass im Zuge wachsender Mobilität andere Formen des Bezugs zum Grund des Seins als in den christlichen Konfessionen bekannt wurden. „Religion" erschien jetzt als ein Begriff, um übergreifend auch andere Formen der *transzendenzbezogenen Daseins- und Wertorientierung* zu benennen und dann auch miteinander zu vergleichen.[97] Das Entstehen verschiedener Forschungsformen und schließlich wissenschaftlicher Disziplinen wie Religionsgeschichte, Religionsphilosophie, Religionspsychologie und Religionsethnologie[98] illustriert dies anschaulich. Selbst in der Theologie tauchte als neue Teildisziplin die „Religionspädagogik" auf, die die traditionelle „Katechetik" ablöste und heute fester Bestandteil des (praktisch-)theologischen Fächerkanons ist.[99]

„Angesichts der offensichtlichen Defizite und Erfolglosigkeit einer primär an theologischen Stoffen orientierten Katechetik wollte man unter Rückgriff auf die Psychologie auch die religiöse Erziehung und Bildung pädagogisch reflektiert gestalten. Im protestantischen Bereich dominierte dabei inhaltlich das Bestreben, die subjektive Religion des einzelnen durch entsprechendes Erleben zu fördern; dem-

---

[96] S. zusammenfassend Rommelspacher, Gesellschaft v.a. 30–36.

[97] Ein Beispiel hierfür sind die „Fragen/Items alternativ-religiöser Praktiken im ALLBUS 2012", abgedruckt in: Huber, Stefan, Kommentar: Gott ist tot! Tatsächlich? – Transzendenzerfahrungen und Transzendenzglaube im ALLBUS 2012, in: Bedford-Strohm, Heinrich/Jung, Volker (Hg.), Vernetzte Vielfalt. Kirche angesichts von Individualisierung und Säkularisierung. Die fünfte EKD-Erhebung über Kirchenmitgliedschaft, Gütersloh 2015, 267–276, 272.

[98] Wagner, Religion 522.

[99] S. die entsprechende Entwicklung knapp zusammengefasst bei Grethlein, Christian, Religionspädagogik, Berlin 1998, 41–96.

gegenüber traten dogmatische Inhalte des christlichen Glaubens zurück. Überhaupt ist – durchaus in der Tendenz der Moderne liegend – der Zug der Religionspädagogik zur Ethik unübersehbar. Auf der katholischen Seite ging man hier nicht so weit, sondern versuchte über die Erarbeitung einer katholischen bzw. christlichen Pädagogik den Zusammenhang mit der Kirchenlehre zu wahren."[100]

Interessanterweise wurde in solchen Weiterführungen die lange Zeit vorherrschende Dominanz des Kultischen im Religionsverständnis überschritten.

Allerdings zeigt ein genauerer Blick, dass die Ausweitung des Religionsbegriffs über das Christsein hinaus problematisch ist. So erklärte eine junge Inderin nach einem Interview über ihre „Religion" dem erstaunten deutschen Religionssoziologen: „I have passed through a Western system of education here in Singapore, and I think I know quite well how you Western people are used to think about man and God and about ‚religion'. So I talked to you as if ‚hinduism' were my ‚religion', so that you may be able to understand what I mean. If you were a hindu yourself, I would have talked to you in quite a different fashion, and I am sure both of us would have giggled about the idea that something like ‚hinduism' could be a ‚religion', or that something like ‚hinduism' does even exist."[101]

Zutreffend fasst Falk Wagner dementsprechend die begriffsgeschichtlichen und religionstheoretischen Einsichten zusammen: „So bleibt der erst in der Moderne vollends verallgemeinerte und vergrundsätzlichte Religionsbegriff an die ihn konstituierende Einsicht gebunden, daß sich die neuprotes-

---

[100] A. a. O. 96.
[101] Zitiert bei Matthes, Joachim, Auf der Suche nach dem „Religiösen". Reflexionen zu Theorie und Empirie religionssoziologischer Forschung, in: Sociologica Internationalis 30 (1992), 129–142, 141.

tantische Religionskultur nicht von der modernen Individualitätskultur trennen lasse. Der so bestimmte moderne Religionsbegriff läßt sich daher nicht direkt auf Religionen außerhalb des Christentums übertragen, die durch andere sozialkulturelle Welten bestimmt sind."[102]

Theologisch kann darüber hinaus eingewendet werden, dass mit einem anthropologisch bestimmten Begriff nicht das erfasst werden kann, was in der biblischen Tradition – gerade gegenüber dem Menschen – Gott genannt wird.[103]

Angesichts dieses Wandels in der Bedeutung sowie der Begriffsvielfalt markiert „Religion" gegenüber den herkömmlichen Begriffen „Glaube" und „Kirche" eher die *Pluriformität von Daseins- und Wertorientierungen* als einen klaren Gegenstand. Diese Schwierigkeiten kommen beispielhaft in rechtlichen Überlegungen zur Religionsfreiheit als einem Grund- und Menschenrecht zum Ausdruck, einem „Definitionsdilemma":

„[…] ein staatlich-autoritativer, ‚objektiver' Religions-‚Begriff' droht ohne die Freiheit, sich einen eigenen Begriff von der religiösen Dimension des Lebens zu machen und zu verwirklichen, den Freiheitsgehalt der Religionsfreiheit selbst auszuhöhlen. Andererseits vermag die Religionsfreiheit nur dann distinkte Rechtsfolgen zu zeitigen, wenn nicht jede beliebige Prätention sich ihres Tatbestands bemächtigen kann."[104]

---

[102] Wagner, Religion 542; s. ähnlich auch Hock, Klaus, Einführung in die Religionswissenschaft, Darmstadt 2002, 10.

[103] S. Evers, Dirk, Neuere Tendenzen in der deutschsprachigen evangelischen Dogmatik, in: ThLZ 140 (2015), 1–22, 10.

[104] Germann, Michael, Religionsfreiheit, in: Lexikon für Kirchen- und Staatskirchenrecht Bd. 3, Paderborn 2004, 408–410, 409 (die vielfältigen Abkürzungen wurden im Zitat aufgelöst).

Deutlich treten hier die Spannung und das Ineinander von Individualisierung und Vergemeinschaftung zu Tage. Die lange Zeit vorherrschende Verkirchlichung und damit auch jedenfalls grundsätzliche Orientierung am Christentum wirkt zwar durchaus noch in die Gegenwart hinein. Der konfessionell bestimmte schulische Religionsunterricht ist ein Beispiel hierfür. Doch zeigen aktuelle religionspädagogische Diskussionen die zunehmende Unangemessenheit dieses Konzepts.[105]

Dazu tritt gerade in pädagogischem Zusammenhang die Gefahr einer Verengung des Christseins auf einen Teilbereich menschlichen Lebens hervor. So unterscheidet etwa Günter Baumert vier „Modi der Weltbegegnung", wozu als ein Modus die „konstitutive Rationalität", ausgearbeitet in Philosophie und Religion, gehört.[106] Die Umfasssenheit der christlichen Lebensform droht hier aus dem Blick zu geraten.

5. Zusammenfassung und Ausblick

Das Auftreten, Wirken und Geschick Jesu beeindruckte Menschen so, dass sie – schon von Anfang an in unterschiedlicher Weise – in seine Nachfolge traten. Das ihn tragende *Vertrauen auf Gott als Vater und damit Schöpfer* profilierte der Mann aus Nazaret in drei – miteinander untrennbar zusammenhängenden – Kommunikationsmodi für Viele in überzeugender Weise:
- Er lehrte den Anbruch der Gottesherrschaft vor allem in Gleichnissen und lernte selbst dazu in Gesprächen;

---

[105] S. z. B. Bauer, Jochen, Religionsunterricht für alle. Eine multitheologische Fachdidaktik, Stuttgart 2019.
[106] S. Baumert, Deutschland 108–113.

- er pflegte Gemeinschaft mit unterschiedlichsten Menschen, indem er mit ihnen aß und trank;
- er heilte und verhalf so Anderen zum Leben.

Schon bald nach seinem Tod am Kreuz bildeten sich an verschiedenen Orten Gemeinschaften von Menschen, die seine Botschaft berührte. Grundlage hierfür waren deren inhaltlich an der *Goldenen Regel* sowie dem *Doppelgebot der Liebe* orientierte Universalität und Inklusion.

In den ersten zwei Jahrhunderten kam es im antiken Kontext kultischer Praxen zu einer entsprechenden *Transformation der zuerst in Häusern sich versammelnden Christen und Christinnen in eine priesterlich-bischöflich hierarchisch von Männern geleitete „Kirche"*. Sie wurde im 4. Jahrhundert durch römische Kaiser zur allgemein verbindlichen Sozialform der Daseins- und Wertorientierung. Die damit verbundene Vereinheitlichung brachte zugleich Exklusionen von Personen mit sich, die von den amtskirchlich formulierten Glaubenslehren abwichen, also von sog. Häretikern und Häretikerinnen.

War am Anfang neben dem Modus des gemeinschaftlichen Feierns noch der des Lehrens und Lernens im – an Erwachsene gerichteten – Taufkatechumenat präsent, so verlor dieser im Zuge der Umstellung auf die Kindertaufe an Bedeutung. Nicht mehr die freie Entscheidung, sondern die obrigkeitliche angeordnete Konformität führte jetzt zur Taufe.

Die niedrigere Einstufung der Diakone – und anfangs auch Diakoninnen – in der Ämterhierarchie zeigt, dass der *Kommunikationsmodus des Helfens zum Leben* ebenfalls zurücktrat. Während in der Reformationszeit im Kontext der humanistischen Bildungsbemühungen dem Lehren und Lernen wieder neue Aufmerksamkeit geschenkt wurde, blieb die diakonische Dimension bis zum 19. Jahrhundert im Hintergrund. Dies ist angesichts ihrer offensichtlichen Bedeutung in den Erinnerungen an Jesus – zurückhaltend formuliert – erstaunlich. Es kann zumindest gefragt werden, ob dies auch damit zusammenhängt, dass wichtige Teile des Helfens anfangs von den „Witwen", also von Frauen, wahrgenommen wurden.

Auf jeden Fall besteht die im Laufe der Alten Kirche sich anbahnende und dann im Mittelalter ausgebaute Dominanz des (Priesterlich-)Kultischen in den christlichen Kirchen bis heute fort. Allerdings zeigen neuere Umfragen, dass diese Profilierung nicht mehr von der Mehrheit der Menschen in Deutschland geteilt wird. So ergab die 6. Kirchenmitgliedschaftsuntersuchung: „Auf die Frage, was zum Christsein dazugehört, antworteten 84 %, dass zur Kirche gehen und das Bibellesen nicht unbedingt zum Christsein dazugehört."[107] Dagegen zeigt dieselbe Umfrage: „*Kirche ist sowohl in der Selbstwahrnehmung ihrer Mitglieder als auch in der Fremdwahrnehmung der Nichtkirchenmitglieder zuerst eine diakonische bzw. karitative Institution.*"[108]

---

[107] Hörsch, Daniel, Kirchliche und religiöse Praxis in einer Gesellschaft der Singularitäten, in: Evangelisches Werk für Diakonie und Entwicklung e.V. (Hg.), Zukunft ist jetzt! Hoffnungszeichen im Licht der 6. Kirchenmitgliedschaftsuntersuchung (KMU), o.O. o.J. (2024), 26–29. 27.

[108] Kirchhof, Tobias, Meine Kirche ist diakonisch!, in: Evangelisches Werk für Diakonie und Entwicklung e.V. (Hg.), Zukunft ist jetzt! Hoffnungszeichen im Licht der 6. Kirchenmitgliedschaftsuntersuchung (KMU), o.O. o.J. (2024), 91–96, 94.

II. Gegenwärtige Herausforderungen und damit verbundene Lebensformen

In dem posthum erschienenen Buch „Die Metamorphose der Welt" beginnt der durch die Theorie der Risikogesellschaft bekannt gewordene Soziologe Ulrich Beck seine Überlegungen mit einem grundlegenden Bekenntnis: *„Die Welt ist aus den Fugen."* Und er macht sogleich auf dessen umfassenden Sinn aufmerksam: „Nach Ansicht vieler Zeitgenossen trifft das in beiden Bedeutungen des Wortes zu: Ihre äußere Ordnung ist zerbrochen, ihr innerer Zusammenhang verloren gegangen. Wir irren ziel- und orientierungslos umher, argumentieren für und wider. Die eine Feststellung jedoch, auf die wir uns jenseits aller Unterschiede und über alle Kontinente hinweg zumeist einigen können, lautet: ‚Ich begreife die Welt nicht mehr.'"[1] Auch andere Gesellschaftsanalytiker votieren ähnlich. So diagnostiziert der Soziologe Stephan Lessenich eine „Gesellschaft am Rande des Nervenzusammenbruchs".[2] Und die Politikökonomin Maja Göpel konstatiert: „In unserer heutigen Welt kommen nahezu gleichzeitig überall Systeme unter Druck, die über Jahrzehnte verlässlich funktioniert zu haben scheinen und die Menschheit Tag für Tag und immer umfassender mit Energie, Nahrung, Medikamenten und Si-

---

[1] Beck, Ulrich. Die Metamorphose der Welt, Berlin 2017, 11.
[2] Lessenich, Stephan, Nicht mehr normal. Gesellschaft am Rande des Nervenzusammenbruchs, Bonn 2023 (München 2022).

cherheit versorgten."[3] In solchen Krisen-Diagnosen geht es stets auch um die Verunsicherung von Menschen hinsichtlich ihrer Lebensform.

In diesem Kapitel will ich drei große Herausforderungen in der Gegenwart und die mit ihnen verbundenen, in die Krise gekommenen bzw. kommenden Lebensformen darstellen und analysieren:
- die ökologische Krise mit der ihr verbundenen Lebensform des „Homo oeconomicus",
- die Veränderung durch die Digitalisierung und die dadurch ermöglichte Lebensform des „Homo simultans",
- die Herausforderung durch die rasche Zunahme des Anteils alter und hochaltriger Menschen an der Bevölkerung sowie die in diesem Zusammenhang propagierte Lebensform der „Silver Agers".

Die beiden ersten Themenbereiche sind weltweit relevant. Allerdings werde ich mich wegen der gebotenen Kürze sowie Anschaulichkeit bei ihrer Behandlung auf Konkreta im europäischen bzw. nordamerikanisch-europäischen Bereich konzentrieren. Zudem gingen wesentliche Impulse zur ökologischen Krise und Digitalisierung von diesem Kulturraum aus. Das letzte Thema betrifft einige Staaten besonders, darunter Deutschland. Es wirft aber zugleich ganz grundlegende anthropologische Fragestellungen auf, die auch sonst von Relevanz sind. Dazu lassen die sich anderswo ebenfalls abzeichnenden demografischen Entwicklungen vermuten, dass schon bald die Bedeutung dieses Wandels auch anderswo in den Blick kommen wird.

---

[3] Göpel, Maja, Unsere Welt neu denken. Eine Einladung, Berlin 2020², 12.

1. Ökologische Krise – Konsequenz des „Homo oeconomicus"

Seit 1950 sind weltweit quantitative Entwicklungen zu beobachten, die unter dem Begriff der *„Great Acceleration" („Große Beschleunigung")* analysiert und diskutiert werden. So stieg die Weltbevölkerung seitdem um etwa das Dreifache an, explodierten die Zahlen des Bruttosozialprodukts, der Weltexporte, des Primärenergieverbrauchs sowie der CO_2-Konzentration und des Düngemittelverbrauchs.[4] Alle diese Entwicklungen haben die Erde erheblich verändert und verändern sie ständig weiter, wenn man nicht sogar – wie Beck – von einer Metamorphose sprechen will. Auf die damit im Laufe des 20. Jahrhunderts gegebene Beschleunigung des Lebens in unterschiedlichen Bezügen macht der Historiker Peter Borscheid aufmerksam:

„Die Geschwindigkeit der Kommunikation steigert sich um den Faktor 10^7, die Reisegeschwindigkeit und die Fähigkeit, Krankheiten unter Kontrolle zu bringen, um den Faktor 10^2, die Geschwindigkeit der Datenverarbeitung um den Faktor 10^6."[5]

Der Ökonom Herman Daly fasste solche Befunde unter dem Begriff der *„vollen Welt"* zusammen.[6] „Das heißt, dass sich die Koordinaten, in denen sich menschliches Zusammenleben und erfolgreiches Wirtschaften vollziehen, grundsätzlich verschoben haben."[7] Der Club of Rome konstatiert dazu nach-

---

[4] S. hierzu die Grafiken in: Heidel, Klaus, Leben im Anthropozän. Anmerkungen zur Wirklichkeit im 21. Jahrhundert, in: Bertelmann, Brigitte / Heidel, Klaus (Hg.), Leben im Anthropozän. Christliche Perspektiven für eine Kultur der Nachhaltigkeit, München 2018, 17–38, 24.

[5] Borscheid, Peter, Das Tempo-Virus. Eine Kulturgeschichte der Beschleunigung, Frankfurt 2004, 356 f.

[6] S. Göpel, Welt 30.

[7] A.a.O. 30.

drücklich: „Die heutigen Religionen und Denkmuster stammen alle aus der Zeit der leeren Welt [...] und eignen sich nicht für die volle Welt."[8] Und Maja Göpel stellt fest: „Expansion und Extraktion finden ein natürliches Ende, wenn der Natur mit ihren Ökosystemen die Fähigkeit genommen wird, sich verlässlich zu regenerieren."[9]

Zwar machten bereits in den fünfziger Jahren des 20. Jahrhunderts in den USA Presse-Artikel im „Time"-Magazin oder in den „New York Times" auf die Probleme aufmerksam, die mit dem Verbrennen fossiler Energieträger verbunden sind, vor allem die Erderwärmung.[10] Doch gab erst die Veröffentlichung des Club of Rome 1972 zu den „Grenzen des Wachstums"[11] – in 28 Sprachen publiziert – einen allgemein beachteten Impuls. Knapp zusammengefasst wurde hier deutlich, dass „all die (sc. ökologischen, C.G.) Probleme mit dem Menschheitswunsch endlosen Wachstums auf einem endlichen Planeten zusammenhingen."[12] Inzwischen konstatierte der Club of Rome neun „planetare Grenzen", deren Überschreiten das menschliche Leben auf der Erde gefährdet:

„– Stratosphärischer Ozonabbau
 – Verlust der Biodiversität und Artensterben
 – Chemische Verschmutzung und Freisetzung neuartiger Verbindungen
 – Klimawandel
 – Ozeanversauerung
 – Landnutzung

---

[8] v. Weizsäcker, Ernst Ulrich / Wijkman, Anders u. a., Wir sind dran. Was wir ändern müssen, wenn wir bleiben wollen, Gütersloh 2018⁴ (2017), 18.

[9] Göpel, Welt 30.

[10] S. Rich, Nathanael, Long Earth, Berlin 2019, 214.

[11] Medows, Donelle et al., The Limits of Growth. A Report for the Club of Rome's Project on the Predicament of Mankind, o. O. 1972.

[12] v. Weizsäcker / Wijkman, Wir sind dran 11.

1. Ökologische Krise – Konsequenz des „Homo oeconomicus" 53

– Süßwasserverbrauch und der globale hydrologische Kreislauf
– Stickstoffe und Phosphor fließen in die Biosphäre und Ozeane
– Atmosphärische Aerosolbelastung."[13]

Die Tatsache, dass – entgegen bisher in der Erdgeschichte sich vollziehender Veränderungen[14] – die heutigen Klimaveränderungen durch menschliches Verhalten verursacht sind, brachten 2000 der Atmosphärenchemiker Paul Crutzen und der Ökologe Eugene Stoermer auf den Begriff *„Anthropozän"* als Ablösung der bisherigen erdgeschichtlichen Phase des Holozäns.

„Nach ihrer Auffassung begann diese Epoche mit der industriellen Revolution des späten 18. Jahrhunderts, ‚für die Analysen von im Polareis gefangener Luft den Beginn der steigenden globalen Kohlendioxid- und Methankonzentrationen zeigen'. Sie gaben sogar ein genaues Jahr an – 1784 –, das mit James Watts Entwurf der Dampfmaschine zusammenfiel."[15]

Dieses Konzept bestimmt das Verhältnis von Mensch und Natur grundsätzlich neu. Es benennt die Nebenfolgen menschlicher Technik als so weitreichend, dass dadurch die Erde verändert wird. Ein wesentlicher, hinter den zerstörerischen Handlungen moderner Technik liegender Grund hierfür ist die *Differenz zwischen den die Natur prägenden langen und zyklisch verlaufenden Zeitphasen sowie den kurzen Takten linearer Zeit beim technischen Handeln.*[16]

---

[13] A.a.O. 44 f.

[14] S. umfassend Headrick, Daniel, Macht euch die Erde untertan. Die Umweltgeschichte des Anthropozäns, Darmstadt 2021 (am. 2020).

[15] A.a.O. 8.; 8 f. finden sich weitere Vorschläge zur Datierung.

[16] S. Horn, Eva, Leben in einer beschädigten Welt. Das Denken des Anthropozäns und die Enzyklika Laudato si', in: Bertelmann, Brigitte / Heidel, Klaus (Hg.), Leben im Anthropozän. Christliche Perspektiven für eine Kultur der Nachhaltigkeit, München 2018, 65–75, 70.

Tatsächlich bahnte sich dieses heutiges individuelles und gesellschaftliches Leben prägende Zeitverständnis in einem langen Entwicklungsprozess an: Zuerst[17] orientierten die Menschen ihr Zeitverständnis an Naturereignissen. In sie wurden die sozialen Ereignisse integriert:

> „Von der Steinzeit über die Antike bis zum Auftauchen der ‚neuen Zeiten', der Uhrzeiten, vollzogen sich die Zeitmessung und die Zeiteinteilung ausschließlich auf der Grundlage von in der Natur und am Himmel vorfindbaren Parametern, denen ein an Ereignissen und Aufgaben orientiertes Zeitverständnis entsprach. Ihre Funktion bestand in erster Linie darin, die Zeitvorgaben der Natur mit den Bedürfnissen einer Agrargesellschaft, zum Beispiel dem Anbau von Feldfrüchten, sowie religiösen und sozialen Riten und Bräuchen in Einklang zu bringen."[18]

Periodizität, nicht lineare Veränderung kennzeichnet diese Zeitauffassung. Sie war eng mit der Lebensweise im ländlichen Ackerbau verbunden und findet sich dort teilweise noch heute, wie eindrucksvoll die Erinnerungen von Tara Westover, einer 1986 geborenen Frau, zeigen. Sie wuchs abgesondert auf einer Farm in Idaho / USA auf:

> „I had been educated in the rhythms of the mountain, rhythms in which change was never fundamental, only cyclical. The same sun appeared each morning, swept over the valley and dropped behind the peak. The snow that fell in winter always melted in the spring. Our lives were a cycle – the cycle of the day, the cycle of the seasons –

---

[17] Die folgenden Überlegungen zum Zeitverständnis nehmen Einsichten auf aus: Grethlein, Christian, Ein (h)eiliges Gut. Vom Verständnis und Umgang mit der Zeit in der digitalisierten Gesellschaft, in: Lauxmann, Bernhard / Weyen, Frank / Nord, Ilona / Lütze, Frank (Hg.), Freiheit – Liebe – Gelassenheit. Anthropologische Fluchtpunkte der Theologie (APrTh 93), Leipzig 2024, 331–343, 332–336.

[18] Geißler, Karlheinz, Alles hat seine Zeit, nur ich hab keine. Wege in eine neue Zeitkultur, München 2014, 104.

circles of perpetual change that, when complete, meant nothing had changed at all. I believed my family was a part of this immortal pattern, that we were, in some sense, eternal. But eternity belonged only to the mountain."[19]

Auch im Handwerk herrschte lange Beharrlichkeit vor. So verlautbarte eine Zunfturkunde aus dem 16. Jahrhundert: „Kein Handwerksmann soll etwas Neues erdenken oder erfinden oder gebrauchen, sondern jeder soll aus bürgerlicher und brüderlicher Liebe seinem Nächsten folgen und sein Handwerk ohne des Nächsten Schaden treiben."[20]

Tatsächlich bestimmen zyklische Zeiterfahrungen – wie der Wechsel von Tag und Nacht oder die Jahreszeiten – menschliches Leben bis heute, auch wenn sie seit der Industrialisierung durch den linearen Zeittakt dominiert werden.[21]

Voraussetzung für den neuen, technisch-industriellen Umgang mit den Dingen war die von natürlichen Vollzügen abstrahierende *Formalisierung der Zeitmessung* und damit des Zeitverständnisses. Sie setzte ab dem 15./16. Jahrhundert ein durch die meist an Kirchtürmen platzierten sog. Räderuhren.[22] Bei ihnen – dem „Schlüsselinstrument der Moderne"[23] – ermöglichte der Zahnradantrieb eine gleichmäßige, lineare Zeiteinteilung in 24 Stunden (sog. Äquinoktionalzeit).

Damit waren grundlegende *Veränderungen in der Daseinsorientierung* verbunden: „Uhren-Moderne nahm in dem Au-

---

[19] Westover, Tara, Educated. A Memoir, New York 2018, XIV.
[20] Zitiert nach Marquardt, Udo, Zeit und Mensch. Facetten einer Kulturgeschichte, Basel 2024, 169.
[21] S. Böhnisch, Lothar, Sozialpädagogik der Lebensalter. Eine Einführung, Weinheim 2018⁸, 240.
[22] S. Landwehr, Achim, Geburt der Gegenwart. Eine Geschichte der Zeit im 17. Jahrhundert, Frankfurt 2014, 278–280.
[23] Marquardt, Zeit 120.

genblick Fahrt auf, als man nicht mehr länger in Gott jene Macht sah, die über die Zeitverläufe bestimmte und auf sie Zugriff hatte, sondern der Mensch den Anspruch anmeldete, über die Zeitverläufe eigenmächtig zu bestimmen. Uhrzeit ist das Ergebnis menschlicher Schöpferkraft, ist eine Zeit, die aus eigener Vollmacht hergestellt wird. Mit der Uhrzeit wird der Mensch vom Vasallen Gottes zum Erzeuger seiner selbst."[24] Die so entstandene Lücke in der Daseins- und Wertorientierung wurde durch die Ökonomisierung, also die Verrechnung von Natur und Lebensvollzügen in Geld, gefüllt.[25]

Die Aufklärungspädagogen (und die Pädagogen des Pietismus) verstärkten diese neue Orientierung: „Der Weg zur Tugend der Arbeitsamkeit und Pünktlichkeit führte für sie über die stereotype Gewöhnung an die Uhr."[26] Pünktlichkeit wurde dabei zur Kardinaltugend. Benjamin Franklin soll das damit verbundene Ideal von Arbeit 1748 mit der sprichwörtlich gewordenen Formel benannt haben: *"Time is money"*. Die damit implizierte neue Lebenslogik geht anschaulich aus seinen Ausführungen dazu hervor:

„Bedenke, daß Zeit Geld ist; wer täglich zehn Schillinge durch seine Arbeit erwerben könnte und den halben Tag spazieren geht, oder auf seinem Zimmer faulenzt, der darf, auch wenn er nur sechs Pence für sein Vergnügen ausgibt, nicht dies allein berechnen, er hat neben dem noch fünf Schillinge ausgegeben oder vielmehr weggeworfen. [...] Wer nutzlos Zeit im Wert von 5 Schillingen vergeudet, verliert 5 Schillinge und könnte ebenso gut 5 Schillinge ins Meer werfen. Wer 5 Schillinge verliert, verliert nicht nur die Summe, sondern alles, was damit bei Verwendung im Gewerbe hätte verdient werden

---

[24] Geißler, Karlheinz, Die Uhr kann gehen. Das Ende der Gehorsamskultur, Stuttgart 2019, 36.
[25] Geißler, Zeit 90.
[26] Neumann, Norbert, Lerngeschichte der Uhrenzeit. Pädagogische Interpretationen zu Quellen von 1500 bis 1930, Weinheim 1993, 131.

1. Ökologische Krise – Konsequenz des „Homo oeconomicus" 57

können, – was, wenn ein junger Mann ein höheres Alter erreicht, zu einer ganz bedeutsamen Summe aufläuft."²⁷

Die Dominanz eines solchen formalen Zeitverständnisses hatte also ökonomische Konsequenzen: „Die fortschreitende Durchsetzung und die immer breitere Akzeptanz der abstrakten Uhrzeit als zentralem Bezugspunkt der Zeitordnung und der Zeitorientierung ist mit dem Fortschreiten des Kapitalismus als Wirtschafts- und als Lebensform untrennbar wechselwirksam verknüpft."²⁸ So sind die von allen natürlichen Prozessen abstrahierende Uhr und die mit ihr vollzogene Formalisierung der Zeit wichtige Grundlagen für den Kapitalismus und die mit ihm verbundene Ökonomisierung der Lebensvollzüge. In Verbindung mit technischen Erfindungen wie der Eisenbahn, den Automobilen und Flugzeugen sowie der Digitalisierung ging damit eine zunehmende Beschleunigung auch des alltäglichen Lebens einher.²⁹

Die dem neuen Zeit- und Arbeitsverständnis entsprechende Lebensform ist – gegründet auf das Tun des „Homo faber"³⁰ – die des *„Homo oeconomicus".*

„Auf der Grundlage der klassischen Rationalitätskonzepte konzipierten die Wirtschafts- und Sozialwissenschaften den Menschen als einen Akteur, der 1. eigennützig, 2. rational 3. seinen Nutzen maximiert, 4. dabei auf Umweltbedingungen reagiert, 5. feststehende Präferenzen hat und 6. über alle relevanten Informationen verfügt."³¹

---

²⁷ Zitiert nach Weber, Max, Die protestantische Ethik I. Eine Aufsatzsammlung, Gütersloh 1981⁶, 40, 42.
²⁸ Geißler, Zeit 110; zum kirchlichen Zinsverbot und dessen Aufhebung s. a. a. O. 116 f.
²⁹ S. hierzu Rosa, Hartmut, Weltbeziehungen im Zeitalter der Beschleunigung. Umrisse einer neuen Gesellschaftskritik, Berlin 2012, 190–195.
³⁰ S. nach wie vor eindrücklich Frisch, Max. Homo faber. Ein Bericht, Frankfurt 1957.
³¹ Unter Bezug auf Kirchgässner, Gebhard, Homo oeconomicus. Das

Er ist ein Menschentyp, „der in jeder Situation darauf bedacht ist, kühl den Vorteil zu kalkulieren. Wenn der Mensch sich entscheiden muss, dann wird er als Konsument immer das wählen, was ihm den größten Nutzen bringt, und als Produzent für das entscheiden, was ihm den höchsten Gewinn verspricht."[32] Und weiter: „Der homo oeconomicus kennt keine qualitativen Unterschiede zwischen Ressourcen, keinen Unterschied zwischen den Geschlechtern, keine Kooperation, kein Mitgefühl, keine Verantwortung, weder auf der Ebene des Einzelnen noch auf jener der Gesellschaft, er kennt genau genommen noch nicht einmal so etwas wie Gesellschaft."[33]

Was in der zitierten Einschätzung von Maja Göpel kritisch bzw. negativ klingt, hatte auch positive Aspekte. So ist in reichen Ländern wie Deutschland der heutige durchschnittliche Lebensstandard, einschließlich der hohen Lebenserwartung, ohne die „egoistische" Konzentration auf das eigene Wohlergehen und die damit verbundenen technischen Innovationen nicht vorstellbar. Allerdings ist die damit verbundene Fixierung nur auf den Menschen ökologisch nicht durchzuhalten. Der damit verbundene Verbrauch von Natur sowie deren nachhaltige Schädigung bedrohen inzwischen das Leben nicht nur von Tieren und Pflanzen, sondern auch der Menschen. Von daher kommt diese Lebensform gleichsam an ihr natürliches, also von der Natur bedingtes Ende. Bruno Latour formulierte die sich so heute stellende ökologische Situation martialisch: „Wenn es nur eine Erde gibt und sie gegen uns ist, was werden wir tun? Keine Polemologie bereitet uns auf der-

---

ökonomische Modell individuellen Verhaltens und seine Anwendung in den Wirtschafts- und Sozialwissenschaften, Tübingen 1991 (2013⁴) Meckel, Miriam, Das Glück der Unerreichbarkeit. Wege aus der Kommunikationsfalle, Hamburg 2007³, 75.

[32] Göpel, Welt 65.
[33] A.a.O. 67.

maßen asymmetrische Kriege vor, daß wir gleichzeitig hilflos vor Gaia stehen, die sich hilflos vor uns befindet, aber die immerhin, sagt man, sich von uns, den Erdenbewohnern, befreien kann. Merkwürdiger Krieg, den wir nur verlieren können".[34]

2. Digitalisierte Kommunikation – Ermöglichung des „Homo simultans"

Besondere Bedeutung haben innerhalb der eben skizzierten „Great Acceleration" sowohl für das gesellschaftliche als auch das individuelle Leben technische Veränderungen, die die Kommunikation betreffen. Sie werden mit Stichworten wie *Digitalisierung* bzw. *Mediatisierung* benannt.[35] Konkret geht es dabei um neue Formen der Kommunikation sowie die hierzu notwendigen technischen Instrumente. Felix Stalder spricht deshalb zu Recht von einer „Kultur der Digitalität".[36] Sie ist durch „neue Formen der Referentialität, in denen jeder Konsument und Produzent zugleich sein kann (Prosumer), Gemeinschaftlichkeit, die sich exemplarisch in sozialen Netzwerken zeigt, und Algorithmizität, die hilft, sich in der neuen Unübersichtlichkeit zurechtzufinden",[37] geprägt. Bei der folgenden Darstellung sind die hohe Geschwindigkeit sowie die

---

[34] Latour, Bruno, Existenzweisen. Eine Anthropologie der Modernen, Berlin 2014 (franz. 2012), 652.
[35] S. zu diesen beiden Konzepten Lienau, Anna-Katharina, Kommunikation des Evangeliums in social media, in: ZThK 117 (2020), 489–522, 490–492.
[36] Stalder, Felix, Kultur der Digitalität, Berlin 2019⁴.
[37] Kirchenamt der EKD (Hg.), Evangelischer Religionsunterricht in der digitalen Welt. Ein Orientierungsrahmen (EKD-Texte 140), Hannover Februar 2022, 9.

oft nicht vorhersehbare Umfassenheit der entsprechenden technischen und dann kommunikativen Entwicklungen zu berücksichtigen, die sich einem punktuellen Zugriff entziehen. Bill Gates formulierte hier lakonisch entsprechende Einsichten aus den letzten Jahrzehnten: „We always overestimate the change that will occur in the next two years and underestimate the change that will occur in the next ten."[38] Gegenwärtig – der vorliegende Text wurde im Frühjahr/Sommer 2024 verfasst – dominiert die sog. Künstliche Intelligenz/ KI (Artificial Intelligence/AI) die entsprechenden Diskussionen.

Auf jeden Fall veränderten die digitale Technologie und ihre Kommunikationsinstrumente in den letzten vierzig Jahren viele Lebensbereiche, z.B.: die Produktion, Energie(gewinnung und -verbrauch), Verkehr und Transport, Medizin, Finanzen, (Welt-)Raumerforschung; auch sind mittlerweile der Bereich von Erziehung und Bildung sowie die Rechtsprechung im Blick.[39] Die neuen Medien lassen „riesige Datenmassen" bearbeiten, agieren in kürzester Zeit, erstrecken sich auf die ganze Welt, bieten Möglichkeiten zur Interaktion und passen sich in bisher ungewohnter Weise an „persönliche Nutzungsbedürfnisse" an.[40] Im Folgenden sollen die jeweils mit dem Wandel verbundenen, neuen Kommunikationsformen in den Blick genommen werden, weil sie direkt ihren Niederschlag in einer neuen Lebensform finden.

---

[38] Zitiert in: Smith, Brad/Browne, Carol Ann, Tools and Weapons. The Promise and the Peril of the Digital Age, New York 2019, 240.

[39] S. zu diesen Lebensbereichen jeweils mit anschaulichen Beispielen Max Tegmark Life 3.0. Being Human in the age of Artificial Intelligence, o.O. 2017, 94–110.

[40] S. Schulze, Gerhard, Die beste aller Welten. Wohin bewegt sich die Gesellschaft im 21. Jahrhundert, München 2003, 65.

Grundlegend für diesen Wandel ist die Entdeckung und Gestaltung der *Elektrizität*. Schon die Etymologie dieses Begriffs weist über bloße Funktionalität hinaus: elektron bezeichnet im Altgriechischen den Bernstein.[41] Pointiert resümiert der französische Philosoph Tristan Garcia: „Die Moderne ist die Domestikation des elektrischen Stroms."[42] Ihr entspricht der „elektrisierte Mensch":

„Es ist ein Wesen, das nicht mehr für die Verheißungen der Gnade, für das Streben nach dem Heil oder der Wahrheit empfänglich ist [...] Dieser Mensch vergleicht seine Wahrnehmungen nicht mit Ideen, er sucht in seinen Wahrnehmungen die Möglichkeit, sie mit sich selbst zu vergleichen, um sie zu stimulieren und sie ein wenig lebendiger und strahlender zu machen".[43]

Konkret wird so das *„Projekt des schönen Lebens"* verfolgt. Es folgt der „Absicht, die Umstände so zu manipulieren, daß man darauf in einer Weise reagiert, die man selbst als schön reflektiert."[44] Solches Streben wird durch das Bemühen unterstützt, dass „alltagsästhetische Episoden in immer größerer Dichte" aufeinanderfolgen.[45]

„Pro Zeiteinheit verreiste der Durchschnittsverbraucher immer häufiger, besuchte mehr Kneipen und Restaurants, trank mehr Gläser Sekt, blätterte in mehr Illustrierten herum, wechselte häufiger die Garderobe, machte mehr Fotografien, Dias, Filme, hörte mehr Musik usw. [...] Die durchschnittliche Erlebnisdauer wird immer kürzer. [...] Eine weitere Stufe der Intensivierung ist die Überlagerung von Erlebnisepisoden. Während der Fernseher läuft, blättert

---

[41] S. Garcia, Tristan, Das intensive Leben. Eine moderne Obsession, Berlin 2017 (franz. 2016), 29.
[42] A.a.O. 33.
[43] A.a.O. 96.
[44] Schulze, Gerhard. Erlebnisgesellschaft. Kultursoziologie der Gegenwart, Frankfurt 1993, 35.
[45] A.a.O. 446.

man in einer Illustrierten und telefoniert gleichzeitig mit einem Bekannten, um sich zum Squash-Spielen zu verabreden."[46]

Diese von Gerhard Schulze seit den siebziger Jahren des 20. Jahrhunderts in Deutschland beobachtete – eine diesbezügliche empirische Untersuchung fand 1985 statt[47] – Entwicklung fand ihr gleichsam ideales Werkzeug im *Smartphone*. Nach den seit den neunziger Jahren des 20. Jahrhunderts sich verbreitenden Mobiltelefonen kam 2007 mit dem iPhone von Apple erstmals ein solches auf den Markt. Dieses kleine und damit handliche Kommunikations-Instrument breitete sich, ständig um Funktionen bereichert, in einmaliger Weise aus. 2023 nutzten in Deutschland rund 67,6 Millionen Menschen Smartphones; verkauft wurden hier in diesem Jahr 19,5 Millionen der Geräte.[48] Weltweit nutzten in diesem Jahr etwa 4,7 Milliarden Menschen Smartphones; 1,21 Milliarden Geräte wurden verkauft.[49]

In Deutschland verbrachten – nach einer repräsentativen Studie der Postbank[50] – die Menschen wöchentlich 69 Online-Stunden. Bei Jüngeren – den 18 bis 39-Jährigen – ist die Internet-Nutzung noch ausgedehnter. Sie sind durchschnittlich 85 Stunden in der Woche online. Bei der konkreten Nutzung steht das Smartphone an erster Stelle (24 Stunden), es folgen Laptops (11,5 Stunden), Desktop-PCs (9,8 Stunden),

---

[46] A.a.O. 446.
[47] S. a.a.O. 89f.
[48] Die Zahlen entstammen den Angaben des Statistischen Bundesamtes (https://de.statista.com/themen/6137/smartphone-nutzung-in-deutschland/#topicOverview; abgerufen am 12.06.2024).
[49] Die Zahlen entstammen den Angaben des Statistischen Bundesamtes (https://de.statista.com/themen/581/smartphones/).
[50] Es wurden 3171 Menschen mit Deutschkenntnissen befragt; ihre Auswahl folgte einer Stichprobe, der entsprechende Daten des Statistischen Bundesamtes zugrunde lagen.

Smart-TVs (9,6 Stunden) und schließlich Tablets (5,7 Stunden).[51]

Die damit gegebenen Veränderungen wurden vielfach beschrieben. So konstatiert der langjährige Google-CEO Eric Schmidt: „Technology empowers all parties, and allows smaller actors to have outsized impacts. And those actors need not to be known or official."[52] Dadurch werden herkömmliche Institutionen geschwächt, einzelne Engagierte gewinnen an Gewicht. Auch relativiert sich die früher übliche Unterscheidung von Sender und Empfänger bzw. hebt sich ganz auf. Damit entsteht ein neues Konzept von Öffentlichkeit: „If we are on the web we are publishing and we run the risk of becoming public figures – it's only a question of how many people are paying attention, and why."[53]

Zugleich eröffnet die dem Smartphone zu Grunde liegende digitalisierte Kommunikation ganz neue Möglichkeiten im wirtschaftlichen Bereich für die Konsumentinnen und Konsumenten: „Millionen von individuellen Wünschen einzelner Kunden können erfüllt werden und summieren sich zu einem wesentlichen Vermarktungspotential [...] Früher hätte man diese Menge der Minderheiten-Produkte nicht bewirtschaften können. Die Kosten für Bestand und Lager waren zu hoch."[54]

Gesellschaftlich gewinnt die Möglichkeit der neuen Technologie an Bedeutung, „die Lücke zwischen echtem und künstlich erzeugtem Leben zu schließen und virtuelle Simu-

---

[51] Die Daten wurden entnommen: https://www.msn.com/de-de/finanzen/top-stories/studie-onlinebenutzung-in-deutschland-geht-leicht-zurück/ar-BB10k593?ocid-Bing/NewSerk; abgerufen am 17.06.2024.
[52] Schmidt, Eric/Cohen, Jared, The New Digital Age. Reshaping the Future of People, Nations and Business, New York 2013, 101.
[53] A.a.O. 56.
[54] Meckel, Glück 71 f.

lation wie reales körperliches Dasein erscheinen zu lassen".[55] Dies weitet sich zunehmend auf Formen sog. *parasozialer Beziehungen* aus. So agieren und kommunizieren z. B. Influencer/innen, die computergenerierte Persönlichkeiten sind, mit Millionen von Menschen, welche ihren Angeboten folgen.[56] Auch greifen Kommunikationen mit bereits Verstorbenen um sich, deren gespeicherte Daten aufgerufen und weiterentwickelt werden.[57] Vor diesem Hintergrund stellen Moritz Riesewieck und Hans Block verblüffende „Parallelen zwischen den Wesensmerkmalen einer Künstlichen Intelligenz und einer transzendenten Gottheit" fest: „Beiden wird eine umfassende Macht zugeschrieben. Das Wirken beider ist nicht gänzlich zu ergründen. Beide stützen sich auf Erzählungen, die über sie erschaffen wurden."[58]

Die konkreten Auswirkungen digitalisierter Kommunikation auf individuelles Leben beschrieb bereits Anfang des 21. Jahrhunderts Miriam Meckel am eigenen Beispiel anschaulich:

„Es gelang mir noch, die Straße zu überqueren, da klingelte mein Mobiltelefon. Es war die Hausverwaltung, die mich tags zuvor nicht erreicht hatte, um mit mir zu klären, ob ich einen Nachmieter für meine Wohnung gefunden hätte. […] Das ging schnell. Ich hatte das Handy noch nicht wieder verstaut, da klingelte es noch einmal. Diesmal war es ein Kollege. ‚Hast du kurz Zeit?', fragte er, es müsse dringend die Gliederung des gemeinsamen Aufsatzes besprochen werden. […] Ich diskutierte also geschlagene zwanzig Minuten mitten auf der Straße die Gliederung und die inhaltlichen Schwerpunkte des Aufsatzes. Zwischenzeitlich musste ich ins Telefon schreien. Denn es wurde immer lauter um mich herum […] Als das Gespräch

---

[55] Riesewieck, Moritz / Block, Hans, Die digitale Seele. Unsterblich werden im Zeitalter Künstlicher Intelligenz, München 2020, 499.
[56] S. a. a. O. 503.
[57] S. a. a. O. 500.
[58] A. a. O. 252 f.

endlich beendet war, entdeckte ich einen kleinen gelben Briefumschlag auf dem Display meines Mobiltelefons. Zwei Nachrichten waren während des Telefonats eingegangen. Die erste erinnerte mich daran, dass ich bereits seit zehn Minuten im Café an der Apostelnstraße hätte sitzen müssen [...] Die zweite Nachricht lautete: ‚Meldest du dich heute gar nicht?' [...] Genau in diesem Moment piepste mein BlackBerry, um mich an eine Telefonkonferenz (Englisch: Conference Call) zu erinnern ... Nun fand auch die Telefonkonferenz auf dem Bürgersteig statt. [...]"[59]

Für diese Lebensform prägte Meckel die Bezeichnung „Simultant".[60] Der Zeitforscher Karlheinz Geißler vertiefte – etwa zehn Jahr später, also bereits angesichts der explosionsartigen Verbreitung von Smartphones – diese Analyse und beschrieb den so durch die digitalisierte Kommunikation entstandenen „*Homo simultans*" in vierfacher Weise:

„– Simultanten bemühen sich immerzu und überall, mehrere Aufgaben gleichzeitig zu erledigen. Ihre Maxime heißt: ‚Fixer, dichter, mehr!' Ihr Motto: ‚Alles, gleichzeitig und sofort'.
– Erreichbar sind sie – in den allermeisten Fällen elektronisch – jederzeit und an jedem Ort. Sie bevorzugen für sich und ihre Geräte den Zeitmodus des Stand-by und den des On-demand.
– Zu Hause sind Simultanten im Unterwegs des ort- und zeitlosen Netzes. Dort kennen sie sich besser aus als in ihrem Stadtteil.
– Sie vermeiden verbindliche und langfristige Festlegungen, wo immer es möglich ist. Sie kennen weder feste noch regelmäßige Arbeitszeiten. Flexibilität ist ihr ein und alles."[61]

---

[59] Meckel, Glück 9 f.
[60] S. a. a. O. 11.
[61] Geißler, Zeit 189.

Allerdings hat die Fülle der kommunikativen Angebote sowie deren Gleichzeitigkeit auch für eine zunehmende Zahl von Menschen ihren Preis. So beschreiben Psychologen bei einer zunehmenden Zahl von Menschen, gerade jüngeren Alters, eine umweltbedingte Aufmerksamkeitsstörung (Attention Deficit Trait / ADT).[62] Auch scheinen bei nicht Wenigen die „Mehrdeutigkeiten des Lebens" im Zuge der neuen Kommunikationsformen aus dem Blick zu geraten. „Die permanente Überlastung unseres Gehirns in Verbindung mit der Anforderung, zu viele Aufgaben gleichzeitig zu bewältigen, führt zu einer unstillbaren Sehnsucht nach Klarheit und Einfachheit."[63] Vielleicht kann so – wenigstens teilweise – der sich gegenwärtig abzeichnende politische Rechtsruck in verschiedenen Ländern als Versuch der Problemreduktion erklärt werden.

3. Demografischer Wandel – Leben als „Silver Ager"

Ein Handbuch zur Gerontologie eröffnet seine Überlegungen mit der Feststellung: „Alter, Altern und alte Menschen stehen in der heutigen Zeit wie zu keiner anderen Epoche im Mittelpunkt des wissenschaftlichen (Gerontologie) und gesellschaftlichen Interesses."[64] Und Heinz Rüegger ergänzt: „Langlebigkeit bzw. Hochaltrigkeit im heute gegebenen und weiter zunehmenden Ausmass hat Auswirkungen auf alle Lebensbereiche: persönlich, familiär, gesellschaftlich, wirtschaftlich, politisch und kulturell. Hochaltrigkeit dürfte die zentrale sozialpolitische Herausforderung des 21. Jahrhunderts darstel-

---

[62] S. a. a. O. 104.

[63] A. a. O. 106.

[64] Wahl, Hans-Werner / Heyl, Vera, Gerontologie – Einführung und Geschichte, Stuttgart 2015², 11.

len und wird in Zukunft noch weitaus bedeutsamer werden als dies schon heute der Fall ist."[65]

Dies ist wesentlich durch den *demografischen Wandel* in etlichen vor allem ökonomisch gut gestellten Gesellschaften wie der deutschen in den letzten Jahrzehnten begründet. Während hier 1950 noch die durchschnittliche Lebenserwartung bei Geburt für Frauen 68,5 und für Männer 64,6 Jahre betrug, stieg diese bis 2020 auf 83,4 bzw. 78,5 Jahre an. Es wird ein weiterer Zuwachs bis 2060 auf 87,3 bzw. 83,5 Jahre erwartet.[66] In Verbindung mit der zurückgehenden Geburtshäufigkeit führt dies zu einem rasch wachsenden Anteil alter Menschen an der Bevölkerung. Für Deutschland werden folgende Prozentzahlen berechnet:

„Anteile von Älteren an der Gesamtbevölkerung 1950–2060

	1950	1980	2011	2030	2060
60–80-Jährige	14 %	17 %	21 %	29 %	28 %
Über 80-Jährige	1 %	3 %	5 %	7 %	13 %."[67]

Zwar gab es also früher sehr viel weniger alte Menschen; doch Alter und Altern waren schon seit langem Thema des Nachdenkens und auch in der konkreten Lebenspraxis, und zwar in durchaus divergenter Weise. So konnte z. B. Plato in der „Politeia" „heiligen Frieden und Freiheit" des Greisenalters

---

[65] Rüegger, Heinz, Vom Sinn im hohen Alter. Eine theologische und ethische Auseinandersetzung, Zürich 2016, 14.

[66] Die Zahlen sind der entsprechenden Statistik des Statistischen Bundesamtes entnommen (https://statista.com.statistik/daten/studie/273406/umfrage/entwicklung-der-lebenserwartung-bei-Geburt-in-deutschland-nach-geschlecht/).

[67] Wahl/Heyl, Gerontologie 21.

rühmen – die Ablenkungen durch die Libido nehmen ab –,[68] während sich kurz danach Aristoteles in seiner „Rhetorik" deutlich anders äußerte. Die „Älteren, die die Blüte ihres Lebens mehr oder weniger schon hinter sich haben", beschimpfte er als „bösartig", „argwöhnisch aus Misstrauen", „kleinmütig", „knauserig" und „feige".[69] Oft zitiert war dann die durchweg positive und damit wohl zumindest für die gebildeten Kreise im 19. Jahrhundert typische „Rede über das Alter" des – damals bereits 75-jährigen – Germanisten Jakob Grimm:

„Jene Abnahme ist noch keine Niederlage, oft nur ein neues Glühen und Auftauchen der Lebenskraft. [...] Jedes Übel und Leiden führt leicht im Stillen irgendeinen zugute kommenden Ersatz mit sich. [...] Nur ein Blinder vermag eigentlich die von der Volkspoesie, wie wir sie uns vorstellen, ausgehenden Strahlen in der Stille seiner Seele zu hegen und zu vereinbaren, wo sich hernach sehende Augen einmischen, verderben sie es leicht wieder. Wird nicht dem blinden Manne von Chios das größte Epos aller Zeiten, dem blinden Ossian das wundervolle Gewirk der kostbaren Lieder des schottischen Hochlandes beigelegt? [...] Man darf weiter sagen, dass in Greisen das Gefühl für die Natur steige und vollkommener werde, als es im vorausgehenden Leben war, und dass alles sie zum sicheren Verkehr mit dieser stillen und fesselnden Gewalt dränge oder anweise. [...] In begabten, auserwählten Männern halten Kraft und Ausdauer fast ohne Abnutzung weit länger nach, welche Fülle ununterbrochener Tätigkeit und geistiger Gewalt hat ein Humboldt bis ins fernste Alter allen zu staunender Bewunderung kundgegeben [...] Je näher wir dem Rande des Grabes treten, desto ferner weichen von uns sollten Scheu und Bedenken, die wir früher hatten, die erkannte Wahrheit, da, wo es an uns kommt, auch kühn zu bekennen."[70]

---

[68] Zitiert nach Rentsch, Thomas/Vollmann, Morris (Hg.), Gutes Leben im Alter. Die philosophischen Grundlagen, Stuttgart 2017, 16 f.

[69] S. a. a. O. 23.

[70] Jacob Grimm, Rede über das Alter, in: Rentsch, Thomas/Vollmann, Morris (Hg.), Gutes Leben im Alter. Die philosophischen Grundlagen, Stuttgart 2017, 98–109.

Dann übernahm seit Beginn des 20. Jahrhunderts auch hier die *Medizin* die Führungsrolle. Es wurden zunächst mit dem Alt-Werden verbundene Verfallserscheinungen analysiert.

„Als klassische geriatrische Syndrome waren […] zunächst folgende Phänomene benannt worden:
- Immobilität
- Sturzereignisse
- Inkontinenz
- Kognitive Probleme."[71]

Dazu kamen dann:
„– Malnutrition
- Depression und Dysthymie
- Polypharmazie und Multimedikation
- Soziale Isolierung."[72]

Heute bestimmt auf dem Hintergrund der genannten deutlichen Lebensverlängerung und gestärkter physischer Fitness zunehmend das Thema „*Demenz*" den Alters-Diskurs.

„Mit Demenz wird ein fortschreitender Verlust an Gedächtnisleistungen und kognitiven Funktionen bezeichnet, der meist nach mehrjährigem Verlauf in geistigen Verfall mit Verlust der Sprachfähigkeit übergeht und schließlich zur völligen Pflegebedürftigkeit und zum Tode führt. Neben den kognitiven Störungen treten bei Demenzkranken häufig auch andere psychische Auffälligkeiten auf wie Depressionen, Schlafstörungen, Unruhe, Angst, paranoid-halluzinatorische Syndrome und Aggressionen. Diese sogenannten nicht kognitiven Symptome der Demenz führen neben einer Verschlechterung der Lebensqualität des Kranken zu erheblichen Belastungen für die Betreuenden."[73]

---

[71] Wahl/Heyl, Gerontologie 185.
[72] A.a.O. 186.
[73] Weyerer, Siegfried, Psychische Erkrankungen im höheren Lebensalter, Epidemiologie, Risiken und Auswirkungen, in: Staats, Martin/Steihaußen, Jan (Hg.), Resilienz im Alter, Weinheim 2021, 33–50, 35.

Dies bezieht sich aber vor allem auf Hochaltrige. Während bei den 65- bis 69-Jährigen erst 1,2 % an Demenz erkrankt sind, bei den 75- bis 79-Jährigen 6,0 %, beträgt ihr Anteil bei den 85–89-Jährigen bereits 23,9 % und bei den über 90-Jährigen 34,6 %.[74]

Diese Zahlen machen deutlich, dass mittlerweile eine Differenzierung bei „Alter" erforderlich ist. Paul Laslett führt deshalb die *Unterscheidung zwischen Drittem und Viertem Alter* ein.[75]

„Laslett […] versteht seinen Ansatz als Beitrag zu einer historischen Soziologie des Alters. Seine Unterscheidung zwischen einem Ersten, Zweiten, Dritten und Vierten Alter setzt vor allem den Akzent auf eine historisch notwendig gewordene Neuverteilung der Stufen des Lebens. Laslett versteht das Erste Alter als Zeit der Abhängigkeit, Sozialisation, Unreife und Erziehung, das Zweite Alter als Zeit der Unabhängigkeit, Reife und Verantwortung, des Verdienens und Sparens, das Dritte Alter als Zeit der ‚persönlichen Erfüllung' und als ‚höchste(n) Punkt in der Bahn des individuellen Lebens' und das Vierte Alter als Zeit der ‚unabänderlichen Abhängigkeit von Altersschwäche und des Todes'".[76]

Inzwischen wird sogar noch vorgeschlagen, die Abfolge durch eine *fünfte Phase,* zu ergänzen, die durch die Nähe zum Tod bestimmt ist. „Die neuartige Sichtweise dieser Forschungsbestrebungen geht insbesondere davon aus, dass Veränderungen auf unterschiedlichen Ebenen (biologisch, psychologisch)

---

[74] S. Depping, Klaus, Demenz: Seelsorgliche Kommunikation bei Rationalitätsverlust, in: Klie, Thomas/Kumlehn, Martina/Kunz, Ralph (Hg.), Praktische Theologie des Alterns (PThW 4), Berlin 2009, 365–384, 365.
[75] S. grundlegend Laslett, Peter, Das dritte Alter. Historische Soziologie des Alterns, Weinheim 1995.
[76] Wahl/Heyl, Gerontologie 97.

im extrem fortgeschrittenen Zeitkorridor des individuellen Lebens nicht mehr so sehr vom chronologischen Alter, sondern vielmehr durch den Abstand vom Tod bestimmt sind (sog. distance-to-death-research [...]).“[77]

Heute steht im Vordergrund der Diskussion um das Altern die *Dritte Lebensphase*. Sie ist durch den Austritt aus dem Erwerbsleben, aber zugleich – vor allem bei materiell abgesicherten und gebildeten Personen – durch vielfältige Aktivitäten, etwa Reisen, kulturelle Partizipation oder ehrenamtliches Engagement, gekennzeichnet.

In den USA, in denen der Altersdiskurs schon seit Längerem läuft, werden solche Personen *„Silver Agers"* genannt. Es handelt sich hier um Menschen bis etwa zum 80. (bzw. neuerdings 85.) Lebensjahr, die sich auch subjektiv jünger fühlen und entsprechend agieren. Damit entsprechen sie dem *Aktivitäts-Paradigma*.

Tatsächlich geben die meisten Menschen in diesem Alter an, sich jünger zu fühlen als es ihr chronologisches Alter angibt. Programmbegriff, nicht zuletzt seit den neunziger Jahren des 20. Jahrhunderts durch die Weltgesundheitsorganisation (WHO) propagiert,[78] ist hier das *„Aktive Altern"*:

„1. Der Begriff aktives Altern umfasst alle persönlich sinnerfüllten Handlungen, die zum Wohlbefinden des jeweiligen Individuums, seiner Familie, der Kommune oder der Gesellschaft beitragen.
2. Der Begriff ist ausdrücklich nicht für den Bereich der bezahlten Arbeit oder die Produktion von Gütern zu reservieren [...]

---

[77] S. a. a. O. 98.
[78] Erhardt, Martin, Alterstheorien, in: Ders./Hoffmann, Lothar/Roos, Horst (Hg.), Altenarbeit weiterdenken. Theorien – Konzepte – Praxis, Stuttgart 2014, 41–48, 45.

3. Der Begriff der Aktivität ist auf alle alten Menschen anzuwenden, unabhängig davon, ob sie im dritten oder vierten Lebensalter stehen oder hilfs- und pflegebedürftig sind.
4. Aktives Altern ist primär als präventives Konzept aufzufassen. Entsprechend ist Aktivität in allen Altersgruppen zu fördern. [...]
5. Das Konzept verweist gleichermaßen auf Rechte und Pflichten; zu den Rechten zählen unter anderem das Recht auf soziale Fürsorge sowie das Recht auf lebenslange Bildung und Training, zu den Pflichten die Wahrnehmung von Bildungs- und Trainingsmöglichkeiten oder die Aufrechterhaltung von Aktivität.
6. Das Konzept ist eng mit dem Begriff ‚Empowerment' verbunden. [...]
7. Konzepte aktiven Alterns haben nationale und kulturelle Besonderheiten zu respektieren, entsprechend gibt es keine optimale Aktivität."[79]

Es liegt auf der Hand, dass auch die Wirtschaft viel Interesse an der Förderung dieses Konzepts hat, weil sich hier ein neuer, nicht selten durchaus zahlungskräftiger Kundenkreis auftut. Es wird (2024) „für den globalen Anti-Aging-Markt [...] ein Wachstum von rund 7 Prozent bis 2027 prognostiziert." Dabei rechnet man vor allem „mit einem Anstieg an qualitativ hochwertigen Produkten im Premium-Preissegment".[80]

Dieser Entwicklung entspricht, dass seit einigen Jahren eine neue Generation, nämlich die der nach dem Ende des 2. Weltkriegs Geborenen und „in Westeuropa in einer ein-

---

[79] Kruse Andreas, Kulturelle Gerontologie: Gesellschaftliche und individuelle Antworten auf Entwicklungspotenziale und Grenzsituationen im Alter, in: Klie, Thomas / Kumlehn, Martina / Kunz, Ralph (Hg.), Praktische Theologie des Alterns (PThW 4), Berlin 2009, 75–103, 82 (unter Bezug auf Sidorenko, Alexandre / Walker, Alan, The Madrid International Plan of Action on Ageing. From conception to implementation, in: Ageing and Society 24 [2004], 147–165).

[80] Silver Society – Das sind Vorreiter:innen der Pro-Aging-Bewegung (https://www.kosmetik-transparent.at/silver-society-das-sind-die-vorreiterinnen-der-pro-aging-bewegung/; abgerufen am 16.06.2024).

malingen Wohlstandsperiode"[81] Aufgewachsenen, ins höhere Alter tritt. So konstatiert Horst Roos: „Die ‚68er', die jetzt in den Ruhestand eintreten, verändern das öffentliche Bild vom Alter radikal, sie setzen sich von den gängigen Definitionen des sozialen Alters ab und gestalten die Lebensphase Alter vollkommen neu."[82]

Tatsächlich bildet sich hier eine neue Lebensform heraus, die in der Öffentlichkeit Interesse findet, eben die „Silver Agers". Medizinisch wird sie im Anti-Aging-Programm aufgenommen, das dem Boulevard-Motto „Forever young" folgt und damit die – bereits im mittelalterlichen Bild-Motiv des Jungbrunnens begegnende – *Juvenilisierung des Alters* vorantreibt. Die Durchsicht entsprechender Ratgeber lässt vermuten, dass es hier nicht um ein gutes Altern, „sondern in letzter Konsequenz (um) die Abschaffung des Alters und seine Ersetzung durch die Verwirklichung des Traumes ewiger Jugend"[83] geht.

Allerdings folgt auf die Silver-Age-Phase eben ein weiterer Lebensabschnitt, der durch zunehmende Einschränkungen, Erkrankungen (Multimorbidität) und schließlich das Sterben bestimmt ist. Nicht zuletzt in der Medizin wird dieses Ende jeden menschlichen Lebens nur als zu bekämpfendes gesehen und so letztlich ausgeblendet. Sven Kuntze hat in seinen autobiografisch geprägten Reflexionen zum Alter deshalb die heutige „Heilkunst" eine „Lebensverlängerungsindustrie" ge-

---

[81] Höpflinger, François, Sozialgerontologie: Alter im gesellschaftlichen Wandel und neue soziale Normvorstellungen zu späteren Lebensjahren, in: Klie, Thomas / Kumlehn, Martina / Kunz, Ralph (Hg.), Praktische Theologie des Alterns (PThW 4), Berlin 2009, 55–73, 64.

[82] Roos, Horst, Altern aus unterschiedlichen Blickwinkeln betrachtet, in: Erhardt, Martin / Hoffmann, Lothar / Roos, Horst (Hg.), Altenarbeit weiterdenken. Theorien – Konzepte – Praxis, Stuttgart 2014, 49–54, 49.

[83] Rüegger, Sinn 21.

nannt.[84] Zugleich stellt sich aber medizinisch zunehmend die Frage nach dem Ende einer Behandlung. In der Schweiz beruhen bereits heute über die Hälfte der Todesfälle auf „medical end-of-life decisions".[85]

In diesem Zusammenhang sind Einsichten im Rahmen der neuen Positiven Alternspsychologie[86] interessant. Im Kontext eines durch Aktives Altern, Resilienz und Achtsamkeit charakterisierten Verständnisses des Alterns wird vor allem bei Hochaltrigen eine Entwicklung hin zur „*Gerotranszendenz*" beobachtet. Der schwedische Soziologe Lars Tornstam bezeichnete damit „eine im Alter gesteigerte natürliche Sensibilität für das Spirituelle".[87] Hervorzuheben ist, dass hier Altern nicht als ein Verlustprozess gesehen wird. Vielmehr enthält es „ein Potential zur Ausbildung einer neuen Sichtweise auf […] das Leben"[88]. Konkret äußert sie sich in einer kosmischen, einer selbstbezogenen und einer sozialen Dimension:

---

[84] Kuntze, Sven, Alt sein wie ein Gentleman. Über Würde im Alter und andere überschätzte Tugenden, München 2019, 210.

[85] Rüegger, Sinn 130 Anm. 56.

[86] S. Wahl, Hans-Werner, Positive Alternspsychologie. Die Stärken der zweiten Lebenshälfte, Weinheim 2024, 114 f.

[87] Kunz, Ralph, Spirituelle und religiöse Begleitung im Alter, in: Bachmaier, Helmut / Seeberger, Bernd (Hg.), Religiosität im Alter, Göttingen 2022, 145–160, 152; s. zu Tornstams Ansatz und dessen Weiterführung Storms, Anna / Woopen, Christiane, Spiritualität im Alter, in: Hank, Karsten / Wagner, Michael / Zank, Susanne (Hg.), Alternsforschung. Handbuch für Wissenschaft und Studium, Baden-Baden 2023², 603–627, v.a. 609 f.

[88] Herbert, Jan, Die andere Seite: Entwicklungspsychologische Gesundheitskompetenz und Gerotranszendenz, in: Likar, Rudolf / Kada, Olivia / Pinter, Georg / Janig, Herbert / Schippinger, Walter / Cernic, Karl / Sieber, Cornel (Hg.), Ethische Herausforderungen des Alters. Ein interdisziplinäres, fallorientiertes Praxisbuch für Medizin, Pflege und Gesundheitsberufe, Stuttgart 2019, 120–130, 127.

„Kosmische Dimension (‚cosmic dimension'): dazu gehört eine Veränderung des Zeiterlebens, indem Grenzen zwischen jetzt und früher transzendiert werden; man sich mit früheren Generationen, den Vorfahren verbunden fühlt; mysteriöse Seiten des Lebens zulässt, nicht alles rational erklären muss; Freude an kleinen Ereignissen und Naturerscheinungen hat.

Selbst (‚self'): Selbsterfahrung im Erkennen und in der Akzeptanz bislang verborgen gebliebener positiver und negativer Aspekte des Selbst (‚Sich selbst neu verstehen', Leopold Rosenmayr); Abnahme der Selbstbezogenheit und Ich-Zentriertheit; Überschreiten rigider Körperfixierung; Selbsttranszendenz, Eigeninteressen werden abgelöst durch Fokussieren auf die Bedürfnisse anderer, speziell Kinder und Enkelkinder; Wiederentdecken des eigenen (inneren) Kindes; [...].

Soziale und persönliche Beziehungen (‚Social and personal relationships'): Neuorientierung in den sozialen Beziehungen: Alter, oberflächliche Beziehungen werden unwichtig, einzelne neue Beziehungen werden wichtig; aktives Bedürfnis nach ‚solitude', manchmal von Angehörigen auch als Vereinsamung interpretiert [...]; Zunahme von Weitherzigkeit und Toleranz."[89]

Danach tritt im höheren Alter das Interesse an materiellen Gütern erheblich zurück. Tornstam selbst bezieht sich bei der Interpretation dieses empirischen Befundes auf den Zen-Buddhismus, „denn dieser und die mit ihm verbundenen Meditationsformen gehen ja davon aus, dass es gut ist, sich von materiellem Besitz und sozialem Status zu befreien und ‚loslassen' zu können."[90]

---

[89] A. a. O. 127.
[90] Wahl, Alternspsychologie 115.

4. Zusammenfassung und Ausblick

Die ökologische Krise, die Digitalisierung verschiedenster Lebensbereiche und der demografische Wandel, vor allem in den ökonomisch wohlhabenden Ländern die Zunahme alter Menschen, stellen sowohl politisch-gesellschaftlich als auch individuell-persönlich grundlegende Herausforderungen der Gegenwart dar. Ihnen korrelieren bestimmte Lebensformen: der „Homo oeconomicus", der „Homo simultans" sowie die „Silver Agers". Alle drei bieten Menschen auf den ersten Blick neue Lebensmöglichkeiten:
- wirtschaftliche Prosperität in Form vielfältigen Besitzes,
- weitreichende Kommunikationsmöglichkeiten,
- eine neue erlebnisreiche Lebensphase.

Genauer betrachtet hängen sie miteinander zusammen. Der technisch-wirtschaftliche Aufschwung wurde in den letzten Jahren durch die Möglichkeiten digitaler Kommunikation noch beschleunigt, ältere Menschen erweitern durch die neuen Medien ihre Lebensmöglichkeiten usw. Doch haben die genannten Lebensformen auch Schattenseiten, die ihrer Verabsolutierung entgegenstehen:
- wirtschaftlicher und technischer Fortschritt verdanken sich wesentlich einer Ausbeutung der Natur, die ungebremst schon in wenigen Jahrzehnten zu einer ökologischen Katastrophe führen wird;
- die ständige Erreichbarkeit durch die digitalen Medien und die damit gegebene Reizüberflutung lässt bei Menschen den Kontakt zur Mitwelt verkümmern und führt zu einem repulsiven Verhältnis gegenüber ihrer Lebensgrundlage, der Natur;
- die auf das dritte Lebensalter konzentrierte Pro-Aging-Kultur blendet den für Menschsein und besonders das

Älter-Werden zentralen Bezug menschlichen Lebens zu Sterben und Tod aus.

In dieser Situation lohnt sich – so meine These – eine Rückbesinnung auf die Impulse, die von den Erinnerungen an Jesu Auftreten, Wirken und Geschick ausgehen. Sie ergibt eine Alternative zu den drei vorgestellten, letztlich zum Scheitern verurteilten Lebensformen: das Christsein. Dabei verdient Aufmerksamkeit, dass sich bei Menschen höheren Alters entgegen dem sonst prägenden „Immer Mehr" Tendenzen beobachten lassen, die zumindest mit einer Offenheit für Transzendenz einhergehen („Gerotranszendenz").

III. Christsein als aktuelle Lebensform[1]

Christsein als eine Lebensform bezieht sich zum einen auf das Auftreten, Wirken und Geschick Jesu von Nazaret und zum anderen auf den jeweiligen konkreten Kontext. So kam es zu erheblichen Veränderungen, wobei Adaptionen an das allgemein Übliche, aber auch Widerspruch hierzu begegnen. Knapp ein paar historisierend fiktive Beispiele hierfür:

„Ein Teilnehmer an einer Mahlzeit in einem christlichen Haus im 2. Jahrhundert: Hier war es schön geräumig wie sonst auch bei den Symposien. Doch eines fiel auf: Da mischten sich Menschen aus unterschiedlichen sozialen Schichten, Sklaven lagen neben Patronen, Männer neben Frauen. Gemeinsam hörten sie auf Worte, die zum Glauben an Gott einluden. Nach der Weinspende kam es zu offenen Gesprächen. Dabei erzählten sie sich gegenseitig, wie ihr Leben gewonnen hat, seit Jesus ihr Lehrer ist. Zugleich wurden auch Erfahrungen der Diskriminierung vorgetragen, wenn sie als Christen beispielsweise nicht mehr – wie bisher – mit Freunden die Zirkusspiele besuchten o.Ä. Dafür gab es aber jetzt die neue Gemeinschaft der ‚Christianoi'. […]

Ein Bischof im 4./5. Jahrhundert: Er war verantwortlich für die ihm anvertraute Gemeinde, seine Herde. Angesichts der vielen Auslegungen des Evangeliums, die aktuell im Umlauf waren, hatte er da-

---

[1] Vgl. zu den Überlegungen dieses Kapitels auch Domsgen, Michael / Lienau, Anna-Katharina / Saß, Marcell / Schröder, Bernd (Hg.), Christsein. Beiträge zur Morphologie und Topologie einer Lebensform (APrTh 98), Leipzig 2024.

rauf zu achten, dass seine Gemeindeglieder nicht verwirrt wurden. Sie mussten geschützt werden, indem er – gemeinsam mit seinen Brüdern im Amt – die wichtigsten Glaubenssätze klar formulierte. In einer Gemeinde traten sogar Frauen öffentlich auf, die Weissagungen vortrugen. Das musste schnellstens unterbunden werden. Zur Strafe wurden die Frauen vom gemeinsamen Mahl ausgeschlossen. Bestimmt konnte auch die rechtgläubige Obrigkeit veranlasst werden, sie zu bestrafen. [...]

Ein etwa sechsjähriger Knabe im 10. Jahrhundert: Heute war er früh aufgestanden und gleich ging es los. Mit seinen Eltern fuhr er in der Kutsche zum Kloster – gegen Mittag kamen sie an. So konnte er sich noch etwas umsehen: Hohe Mauern, Mönche, die gesetzten Schritts durch die Gänge schritten, aber auch einige Kinder in seinem Alter. Dann ging es in die Kirche zur Messe. Der Höhepunkt war, als er dem Abt seine Hand reichen musste und dieser sie in das geweihte Altartuch rollte. Jetzt gehörte er nicht mehr zu seiner Familie, jetzt war er Gott und dem Kloster dargebracht. So hatte es ihm jedenfalls seine Mutter erklärt. Und hatte hinzugefügt: Dann wirst du ein heiliger Mann, mein Liebling. [...]

Eine Bäuerin im 14. Jahrhundert: Heute schien zum Glück die Sonne. Sie hatte die goldene Monstranz zum Funkeln gebracht, die bei der Prozession durch die Felder getragen wurde. Hoffentlich wuchs jetzt das Getreide besser als im letzten Jahr, damit die Ernte gut würde. Aber angesichts der Prozession mit den heiligen Priestern in den prächtigen Gewändern schwanden die Zweifel. Wer konnte denn dem heiligsten Altarsakrament widerstehen? Es würde ein fruchtbares Jahr werden. Und wenn nicht – wer war dann daran schuld? [...]

Eine Frau im 18. Jahrhundert: Ja gewiss, sie lebte nicht so, wie es sich die hohen Herren in der Kirche vorstellten. Wie sollte sie aber ihre Kinder ernähren, wenn sie nicht ab und zu den ach so wohlanständigen Bürgern ihre Schlafzimmertüre öffnete? Da waren diese gar nicht mehr so anständig. Doch beim Ehrengericht saßen sie streng vorn und plädierten für eine Bestrafung wegen Unsittlichkeit. Mit diesen Typen wollte sie eigentlich nichts mehr zu tun haben – bis auf das Geld, das sie dafür bekam, ihnen gelegentlich zu Willen zu sein. Gemeinsam mit denen zum Abendmahl zu gehen – und dann erst ganz zum Schluss als „Gefallene" dran zu kommen? Nein, da hatte sie auch ihren Stolz. [...]

Ein Pfarrer am Beginn des 19. Jahrhunderts: Er hatte es schon geahnt, als er die Berufung auf die Dorfpfarrstelle bekam. Aber dass die Menschen hier so unwissend waren, hatte ihn doch erschreckt. Da half nur, jeden Sonntag von neuem die wichtigen Grundsätze der Religion zu vermitteln, und zwar möglichst elementar und übersichtlich. Dass die Bauern es behalten konnten. Vielleicht gelang es auch – im Verbund mit zwei Nachbardörfern – eine kleine Schule einzurichten, damit wenigstens die Kinder lesen und schreiben lernten. Das gehörte einfach zum christlichen Leben dazu. Dann würde sich auch der ganze Aberglauben von allein erledigen, der jetzt noch überall hervorlugte. [...]

Ein 17-jähriges Mädchen 1989 in Nürnberg: Es war wie im Traum. Als meine Freundinnen und ich aus der Lorenz-Kirche heraustraten, sah die Welt ganz anders, viel schöner aus. Wir hatten gemeinsam das Feierabendmahl gefeiert, hatten vom Brotlaib abgebrochen und uns gegenseitig die Stücke weitergegeben. Hatten dann vom Saft getrunken, Lieder gesungen. Und jetzt tanzten wir zum Ausklang des Abends vor der Kirche – ein herrlicher Abend. Gleich am nächsten Tag meldete ich mich am Stand bei Amnesty International an, um gegen die Folter auf der Welt anzukämpfen."[2]

Es ist erstaunlich und faszinierend, manchmal aber auch erschreckend, wie vielgestaltig die Lebensform des Christseins im Lauf der Zeit sich äußerte. Manches, wie die Begeisterung von Papst und Kriegern für Gewaltanwendung bei den Kreuzzügen oder die nationalistische Grundhaltung bei den Deutschen Christen, ist heute nur noch befremdlich. *„Doch immer wieder blitzten der Dank an Gott als Schöpfer, die inklusive Offenheit zu allen Menschen jenseits sonst üblicher Hierarchien sowie die Distanz zur Fixierung auf materiellen Besitz durch."*[3]

---

[2] Grethlein, Christian, Christliche Lebensform. Eine Geschichte christlicher Liturgie, Bildung und Spiritualität, Berlin 2022, 239–245.

[3] A.a.O. 245.

Auf jeden Fall mahnt der kurz Rückblick in die Geschichte der Kontextualisierung des Christseins zu klarer Orientierung an den Impulsen, die vom Auftreten, Wirken und Geschick Jesu ausgehen, auch wenn diese allgemein Üblichem widersprechen.

Im Folgenden versuche ich, dies anhand der drei skizzierten Herausforderungen zu konkretisieren:

1. Geschöpflichkeit als Grundlage menschlichen Lebens und Handelns

Für das Christsein ist die Sicht der Welt als einer Schöpfung Gottes[4] grundlegend. Sie steht in schroffem *Gegensatz zur Lebensform des „Homo oeconomicus"* – und des mit ihm verbundenen „Homo faber". Denn sie ordnet den Menschen und sein Tun dem Schöpfer, also Gott, unter. Die Erde ist demnach ein sorgsam zu pflegendes Geschenk, keine Abbruchhalde.

Das Verstehen des Menschen als Geschöpf eröffnet eine direkte Bezugnahme auf eigene Erfahrungen. Hierauf weist anschaulich der Systematische Theologe Gerhard Ebeling hin: „Am Verhältnis zum eigenen Leib wird einem dies in allen Graden der Lust und der Pein gegenwärtig: die Abhängigkeit vom Funktionieren der Organe, vom Sich-Anmelden und von der Befriedigung der elementaren Bedürfnisse, von den Erbanlagen, die einem zuteil geworden sind, von der Umwelt, in die man hineingeboren ist, aber auch von der Anfälligkeit für Krankheiten und dem unerbittlichen Gesetz des Alterns und

---

[4] Zur komplexen, in den letzten Jahren offensichtlich weniger kontroversen Verhältnisbestimmung der theologischen Rede vom Schöpfer zur aktuellen Naturwissenschaft s. Haudel, Matthias, Theologie und Naturwissenschaft. Zur Überwindung von Vorurteilen und zu ganzheitlicher Wirklichkeitserkenntnis, Göttingen 2021, 288–386.

Sterbens. Dieses Einbezogensein des Menschen in die Natur wird nicht aufgehoben, nur modifiziert und gegebenenfalls schwer gestört durch die Abschirmung dagegen kraft der Industrialisierung und ihrer Folgen."[5]

Die Welt als Schöpfung und damit der Mensch als Geschöpf werden bereits am Beginn der Hebräischen Bibel in zweifacher Weise, also durchaus pluriform, intoniert. Die erste, sog. *priesterschriftliche „Schöpfungspoesie"*[6] *(Gen 1,1–2,4a)* erzählt in einem Tages-Rhythmus das Erschaffen der ganzen Welt. Dagegen konzentriert sich die anschließende *jahwistische Schöpfungserzählung (Gen 2,4b-25)* auf die ersten beiden Menschen und ihre Begegnung mit Gott im Garten Eden.

„Genesis 2–3 fokussiert ganz auf die conditio humana, die sehr viel problematischer gesehen wird als in Genesis 1: Menschliche Erkenntnisfähigkeit beruht auf einem Raub und führt nachgerade zwingend in die für menschliche Lebenserfahrung konstitutive Distanz zu Gott. In Genesis 1 wird den Menschen dagegen die ‚Gottebenbildlichkeit' verliehen – sie gelten als Stellvertreter Gottes auf Erden."[7]

Gemeinsam ist beiden Texten, dass sie „weder auf die ethische Inanspruchnahme des Menschen noch auf die romantische Verklärung der Ursprünge hin ausgerichtet (sind)."[8] Vielmehr

---

[5] Ebeling, Gerhard, Dogmatik des christlichen Glaubens Bd. 1, Tübingen 1979, 272 f.

[6] So Rothgangel, Martin, Schöpfung – Praktisch-theologische Herausforderungen und bildungstheoretische Konsequenzen, in: Schmid, Konrad (Hg.), Schöpfung (Themen der Theologie 4), Tübingen 2012, 295–323, 296.

[7] Schmid, Konrad, Theologie des Alten Testaments, Tübingen 2019, 283.

[8] Schmid, Konrad, Die Welt als Schöpfung, in: Ders. (Hg.), Schöpfung (Themen der Theologie 4), Tübingen 2012, 325–346, 342.

versuchen sie, „die vorfindliche Lebenswelt der Menschen zu deuten".[9]

Entstanden ist die – bereits im 3. Jahrtausend v. Chr. begegnende – Vorstellung von Schöpfung in einer „agrarische(n) Ökonomie".[10] Offenkundig öffnete die in II.1 skizzierte, hier herrschende zyklische Zeitstruktur – von Tag und Nacht, den Jahreszeiten und damit verbunden Saat und Ernte – den Blick hierfür, also für Gott als Geber des Lebens. Umgekehrt scheint die das heutige Leben der meisten Menschen charakteristische Distanz zu den Zeitrhythmen der Natur, symbolisiert etwa durch die digitale Zeitangabe auf dem Smartphone, hiervon zu entfremden.

„Wenn man nicht mehr sieht, wie das Getreide wächst oder wie die Kuh kalbt, wenn man die Unbilden der Witterung oder ihre freundlichen Aspekte nur noch aus der Perspektive der Freizeit, nicht mehr im Kampf um das Dasein selbst erfährt, wenn die Alten in Heimen kaserniert und die Sterbenden hospitalisiert werden und so dem alltäglichem Leben entrückt sind, wenn man nur noch mit Machbarem und mehr oder weniger gut Fabriziertem und Funktionierendem zu tun hat, mit Kaufbarem und Wegwerfbarem, und nicht mehr lernt, etwas sorgfältig zu hegen und geduldig auf sein Gedeihen zu warten, oder noch einmal anders gewendet: wenn man nicht mehr in ortsgebundenen Traditionen lebt, sondern atomisiert in einer gestaltlosen Masse, dann sind jedenfalls die Verstehensbedingungen für die Sache des christlichen Glaubens tief verändert. [...] Es ist schon etwas daran, wenn man in anstößiger Pointierung die gewiß nicht ungefährliche These aufstellt, daß zwischen der Entfremdung von der Natur und einer Entfremdung von Gott ein Zusammenhang besteht."[11]

---

[9] A.a.O. 342.
[10] Schmid, Theologie 168.
[11] Ebeling, Dogmatik 273.

1. Geschöpflichkeit als Grundlage menschl. Lebens und Handelns

Aus den im Einzelnen durchaus unterschiedlichen Bezugnahmen und Auslegungen des Schöpfungsthemas in der Hebräischen Bibel scheint Folgendes besonders wichtig:
- Schöpfung im biblischen Sinn setzt eine deutliche *Trennung von Schöpfer und Schöpfung* voraus. Die Welt hat ein Eigengewicht. Zugleich wird „dadurch deutlich, dass sie nicht fraglos von Ewigkeit zu Ewigkeit besteht."[12]

„Gen 1 lässt keinen Zweifel daran, dass die Schöpfung über keine numinose Substanz verfügt, dass sie nicht ‚göttlich', sondern ‚weltlich' ist und so insgesamt als Betätigungsfeld menschlicher Nutzung zur Verfügung steht."[13]

- In der ersten Schöpfungserzählung ist mit dem siebten Tag von Gottes Schöpfungswirken (Gen 2,2) *Ruhe* integriert.[14] Sie ist konstitutiver Bestandteil der Schöpfung. Dass dies nicht selbstverständlich ist, zeigt ein Blick auf die griechischsprachige Tradition, in der – entsprechend der Übersetzung in der Septuaginta – oft von der „Sechstagewoche" die Rede ist.[15]
- Weiter sticht im damaligen Kontext die Aussage der *Gottebenbildlichkeit des Menschen* (Gen 1,26–28; 5,1; 9,6) besonders heraus. Denn im Alten Orient galt sonst nur der König als „Gottes Bild".[16] Hier wird also schöpfungstheologisch eine sonstige Standesschranken, etwa zwischen König, Adeligen, Freien und Sklaven, sprengende Gleichheit aller Menschen begründet. Dass damit eine bis in die Gegenwart auch in demokratischen Gesellschaften beste-

---

[12] Schmid, Welt 329 f.
[13] A. a. O. 330.
[14] S. Schmid, Theologie 270.
[15] S. a. a. O. 270.
[16] S. a. a. O. 377.

hende Herausforderung verbunden ist, zeigt ein rascher Blick in die Sozialstatistiken.

Jesus nahm die Einsicht in Gottes das Leben begleitendes Schöpferwirken vielfältig auf, womit zugleich die Heilsgeschichte Israels zurücktrat:[17]

So „erscheint der Mensch zuallererst als Geschöpf Gottes. Gott ist der Herr des Himmels und der Erde (Mt 11,25 /Lk 10,21), der alles vermag (Mk 14,36a). Überschwenglich kann Jesus die Schöpfergüte Gottes preisen, der die Sonne über Gute und Böse aufgehen läßt (Mt 5,45) und ohne dessen Willen kein Haar vom Haupt fällt (Mt 10,29–31). Gott sorgt für die Vögel und die Lilien, um wieviel mehr wird er für die Menschen da sein (Mt 6,25–33). [...] Die Angst um das Dasein und das Sich-Abmühen sind noch nicht das Leben!"[18]

Die mit dem Vertrauen auf den Schöpfer verbundene Sorglosigkeit führt positiv zum *Einsatz für Gottes Reich*. „Seiner Geschöpflichkeit entspricht der Mensch vor allem durch das Befolgen des ursprünglichen Schöpferwillens."[19] Dies konkretisiert Jesus an verschiedenen Beispielen:

- So wird die für jüdische Religionspraxis grundlegende „Fundamentalunterscheidung ‚rein – unrein'" aufgehoben (Mk 7,15).[20] Unreinheit dringt nicht mehr von außen in den Menschen ein, sondern tritt gegebenenfalls aus diesem selbst hervor.
- Auch relativiert Jesus die *Sabbatheiligung*: „Der Sabbat soll dem Guten dienen, und dies besteht in der Erhaltung und Rettung des Lebens."[21] Demnach bestimmt Jesus den

---

[17] S. Becker, Jürgen, Jesus von Nazaret, Berlin 1996, 167.

[18] Schnelle, Udo, Neutestamentliche Anthropologie. Jesus – Paulus – Johannes, Neukirchen-Vluyn 1991, 14.

[19] A.a.O. 15.

[20] S. a.a.O. 16f.

[21] A.a.O. 20.

Sabbat als „eine dem Menschen dienliche Schöpfungsordnung".[22]
- Ebenso haben die *Heilungen* Jesu „eine schöpfungstheologische Dimension": „Sie zielen auf die Wiederherstellung eines schöpfungsgemäßen Zustandes, sie sind Zeichen und Protest gegen die Unterjochung des Menschen durch das Böse (vgl. Lk 13,16 [...])."[23]
- Ethisch orientiert Jesus mit dem *Gebot der Feindesliebe* (Mt 5,44f.; Lk 6,27.35), das er schöpfungstheologisch begründet.[24] Konkret geht es darum, „in die Bewegung der liebenden Zuwendung Gottes zu den Menschen einzustimmen."[25]
- Schließlich kommt das besondere Profil des Schöpfungsglaubens Jesu in seinem Gebet zum Ausdruck, in dem er *Gott als Vater*, also Schöpfer, anspricht und um Brot, eine Schöpfungsgabe, bittet.[26]

Angesichts dieser – hier an wenigen Beispielen angedeuteten – Bedeutung des Theologumenons vom Schöpfer sowie der ihm entsprechenden Geschöpflichkeit des Menschen ist es erstaunlich, dass es – wie erwähnt – in den bekannten Glaubensbekenntnissen nur recht kurz erwähnt wird. Schon im Neuen Testament dominieren ihm gegenüber *eschatologische Vorstellungen*, zu denen u.a. auch die bereits in Jes 65–66 intonierte Hoffnung auf eine neue Schöpfung gehörten.

---

[22] Konradt, Matthias, Schöpfung und Neuschöpfung im Neuen Testament, in: Schmid, Konrad (Hg.), Schöpfung (Themen der Theologie 4), Tübingen 2012, 121–184, 131.
[23] Schnelle, Anthropologie 20.
[24] S. Konradt, Schöpfung 129.
[25] A.a.O. 129.
[26] S. Schnelle, Anthropologie 21 f.

88 *III. Christsein als aktuelle Lebensform*

„Die prophetische Position von Jesaja 65–66 hat aber in der weisheitlichen Literatur beherzten Widerspruch erfahren. Das Predigerbuch erteilt weitgreifenden Hoffnungen auf ein künftiges eschatologisches Eingreifen Gottes in die Weltgeschichte eine klare Absage. Gegenüber aus zeitgleichen Texten des Jesajabuchs bekannten Erwartungen eines ‚neuen Himmels' und einer ‚neuen Erde' betont Prediger, dass es ‚nichts Neues' gibt."[27]

Tatsächlich erwiesen sich die teilweise sehr kurzfristig ansetzenden eschatologischen Erwartungen – wie in 1Thess 4,13–18 – im Nachhinein lediglich als Ausdruck großer Begeisterung. Sie erfüllten sich aber nicht.

Von daher ist zu verstehen, dass in den folgenden Jahrhunderten vielfältige und zu durchaus unterschiedlichen Ergebnissen führende Versuche stattfanden, die biblischen Schöpfungsaussagen mit den jeweiligen philosophischen Theorien in Einklang zu bringen.[28] In der frühen Neuzeit trat das Schöpfungsthema endgültig zurück.

„In der katholischen Kirche begann die Abkoppelung der wissenschaftlichen Theologie von den ‚säkularen' Wissenschaften; die protestantische Theologie überließ, zum Teil nach erbitterten Abwehrgefechten vor allem gegen die Philosophie, den gesamten Komplex der Schöpfungslehre zunehmend den nicht-theologischen Wissenschaften und konzentrierte sich auf die Kerngebiete Anthropologie und Soteriologie."[29]

Später gab es dann in der sog. Dialektischen Theologie Tendenzen zur Marginalisierung des Schöpfungsthemas.[30] Die

---

[27] Schmid, Theologie 285.
[28] S. die kurze Zusammenfassung bei Schubert, Anselm, Schöpfung – Positionen der Theologie- und Kirchengeschichte, in: Schmid, Konrad (Hg.), Schöpfung (Themen der Theologie 4), Tübingen 2012, 185–223, 186–200.
[29] A.a.O. 200.
[30] S. Schmid, Theologie 267.

1. Geschöpflichkeit als Grundlage menschl. Lebens und Handelns 89

dem entgegengesetzte Bezugnahme auf sog. Schöpfungsordnungen bei den Deutschen Christen – etwa in Form „einer schöpfungsmäßigen Einheit von ‚Bekenntnis, Blut und Boden' (Elert […])"[31] – zeigt umgekehrt, dass hier auch Potenzial für problematische Anpassungen an den Zeitgeist lag.

Danach fand Schöpfung erst wieder seit den achtziger Jahren des 20. Jahrhunderts zunehmend kirchliche und theologische Aufmerksamkeit. So forderte die Vollversammlung des Ökumenischen Rates (ÖRK) 1983 in Vancouver u. a., für die *„Bewahrung der Schöpfung"* einzutreten. Kritiker wiesen allerdings darauf hin, dass hier „Schöpfung" und „Natur" zu unterscheiden wären. Denn die Schöpfung könne nur Gott allein bewahren. Angemessener erscheint deshalb die Forderung *„Bewahrung der Natur im Wissen um ihren Charakter als Schöpfung"*.[32]

Versucht man – im Kontext der ökologischen Bedrohung – die für das Christsein als Lebensform resultierende Maxime zu formulieren, so könnte diese etwa lauten: *„Christen achten darauf, dass andere Menschen mit und neben ihnen sowie nach ihnen gut leben können."*[33]

Bei deren weiteren Konkretionen geben die Gleichnisse Jesu vielfältige Anregungen. Gegen die Lebensform des „Homo oeconomicus" steht hier besonders die Relativierung, ja Zurückweisung materiellen Reichtums. Das Beharren darauf führte jedenfalls in der Erzählung vom Reichen Jüngling zu dessen Selbstexklusion aus der Nachfolge Jesu (Mk 10, 17–22 par.).

---

[31] Schubert, Schöpfung 212.
[32] Schmid, Theologie 268.
[33] Grethlein, Lebensform 264.

Allerdings dürfen solche Verweise auf einzelne Themen nicht dazu führen, den Bezug auf die Geschöpflichkeit der Erde und alles Lebens auf ihr auf ethische Maximen zu reduzieren, so wichtig diese aktuell sind. Vielmehr geht es – gegenüber der die heutige Gesellschaft prägenden Lebensform des „Homo oeconomicus" sowie des „Homo faber" – um einen grundlegenden Perspektivenwechsel. Vielleicht wird dieser am klarsten, wenn die bereits in der ersten biblischen Schöpfungserzählung integrierte Bedeutung der Ruhe auf- und ernstgenommen wird. Von daher ist es interessant, dass z. B. angesichts der durch das ständige Online-Sein gegebenen Pausenlosigkeit der kritische Internet-User William Powers einen „Internet Sabbath" empfiehlt, also eine wöchentliche Pause von elektronischer Kommunikation. Eindrücklich schildert er den dadurch vollzogenen grundlegenden Perspektivwechsel:

„The beginning was hard. That first Saturday morning, we woke up in a place that looked just like home but seemed altered in some hard-to-express way. It was as if we'd landed on another planet where the aliens had built a perfect replica of our life [...] Something wasn't right. When you've been in screenworld for a long time, you really lose touch with the third dimension."[34]

Theologisch formuliert ermöglicht das Off-line des „Internet-Sabbath" einen Zugang zur Schöpfungswirklichkeit. Hier wird deutlich, dass es beim Begriff der Geschöpflichkeit primär um einen Perspektivenwechsel und erst dann um ethische Korrekturen handelt. Dieser setzt heute zuerst bei einer kritischen Auseinandersetzung mit der Lebensform des „Homo simultans" an.

---

[34] Powers, William, Hamlet's BlackBerry. A Practical Philosophy for Building a Good Life in the Digital Age, New York 2010, 227.

2. Resonanzfähigkeit menschlichen Lebens

Die durch technische Innovationen und in den letzten Jahrzehnten vor allem die Digitalisierung vorangetriebene Beschleunigung, die in der skizzierten Lebensform des „Homo simultans" Gestalt gewinnt, wird zunehmend auch kritisch gesehen. So eröffnet der Soziologe Hartmut Rosa sein Opus magnum mit dem Satz: „Wenn Beschleunigung das Problem ist, dann ist Resonanz vielleicht die Lösung."[35] Tatsächlich ist mittlerweile unübersehbar: „Ein zielloser und unabschließbarer Steigerungszwang führt am Ende zu einer problematischen, ja gestörten oder pathologischen Weltbeziehung der Subjekte und der Gesellschaft als ganzer."[36] Das durch das Smartphone ermöglichte und vielfach genutzte, ständig auch anderweitig Präsent-sein, steht offenkundig einem „guten Leben entgegen". Denn dieses ist – nach Rosa – „das Ergebnis einer Weltbeziehung, die durch die Etablierung und Erhaltung stabiler Resonanzachsen gekennzeichnet ist, welche es den Subjekten erlauben und ermöglichen, sich in einer antwortenden, entgegenkommenden Welt getragen und sogar geborgen zu fühlen."[37] Es verwundert angesichts dieser Analyse nicht, dass auch „Religion" „als Gesamtreaktion eines Menschen auf das Leben" (William James)[38] in den Blick von Rosa kommt.

In der Lebensform des Christseins finden sich zwei Ausdrucksformen, in denen – jenseits aller Beschleunigung – eine solche Resonanz erlebt werden kann: das Beten und das Segnen bzw. Gesegnet-Werden. Sie drücken die eben skizzierte

---

[35] Rosa, Hartmut, Resonanz. Eine Soziologie der Weltbeziehung, Berlin 2016 (u. ö.), 13.
[36] A.a.O. 14.
[37] A.a.O. 59.
[38] A.a.O. 29.

Grundbeziehung des Geschöpfs zu seinem Schöpfer aus. Dazu trugen nicht zuletzt Impulse Jesu bei, die auch noch zu weiteren Ausdrucksformen führten, den gemeinsamen Mahlfeiern und dem Taufen.

Michael Meyer-Blanck konstatiert in seinem gewichtigen Werk zum *Gebet:* „Beten ist die performative Gestalt des Eingeständnisses von Angewiesensein, Abhängigkeit und Nicht-Autonomie."[39] Dabei ist – jedenfalls beim christlichen (sowie jüdischen) Beten – die Geschöpflichkeit des/der Betenden vorausgesetzt, wozu nicht nur der Bezug zum Schöpfer, sondern auch zu den Mitgeschöpfen gehört.

Inhaltlich sind wohl die meisten Gebete durch *Bitten* und Klage geprägt und bringen so die menschliche Grundsituation des Angewiesenseins unmittelbar zum Ausdruck. Deutlich macht dies ein Blick in den *Psalter* als das biblische Gebetbuch. Er „unterstreicht die Tatsache, dass das Gebet zu wesentlichen Teilen Bitte … um die Wendung persönlicher Not ist. Mehr als ein Drittel der 150 Psalmen sind individuelle Klagepsalmen (z.B. Ps 3–7; 11–13; 26–28; 45–59; 61–64; 139–143 […])."[40] Daneben finden sich noch Lob und Dank.

Die in der Hebräischen Bibel überlieferten Gebete zeichnen sich durch „eine erstaunliche Direktheit im Umgang mit Gott" aus. Sie sind „Ausdruck alltäglicher Erfahrung" und finden „auf der Straße (2 Sam 15,31), auf dem Krankenbett (Jes 18,1–3), zu jeder Zeit (1Sam 25,32)"[41] statt.

---

[39] Meyer-Blanck, Michael, Das Gebet, Tübingen 2019, 22.
[40] A.a.O. 218.
[41] Dietzsch, Andrea, Gebet, in: Rothgangel, Martin/Simojoki, Henrik/Körtner, Ulrich (Hg.), Theologische Schlüsselbegriffe. Subjektorientiert – biblisch – systematisch – didaktisch, Göttingen 2019, 106–118, 109.

In dieser Tradition steht auch das *Vaterunser* als das christliche Grundgebet mit der direkten Anrede an „Abba".[42] Schon formal fällt bei ihm auf, dass es ursprünglich in aramäischer, nicht wie die meisten sonstigen jüdischen Gebeten in hebräischer Sprache formuliert war. Ulrich Luz folgert daraus: „Man kann nur sagen, dass Jesus die Sprache des Volkes benutzte und nicht die der synagogalen Gebetsliturgie."[43] Inhaltlich erscheint zum einen bemerkenswert, dass die damals übliche heilsgeschichtliche, das jüdische Volk betreffende Dimension fehlt; an ihre Stelle tritt eine schöpfungstheologische Grundierung, die bereits in der Gebetsanrede „Abba"[44] zum Ausdruck kommt. Zum anderen ist das Vaterunser ein Bittgebet, wobei dessen offene Formulierungen auffallen.[45] Sie ermöglichen den Betenden ihre konkreten Anliegen in das Gebet einzubringen. Insgesamt ist das Vaterunser sowohl von der – aramäischen – Sprache als auch den offenen Bitten her als ein *„nichtkultisches Gemeinschaftsgebet"*[46] zu charakterisieren. Schon bald galt es – wie erstmals Tertullian formulierte – als „Kurzfassung des ganzen Evangeliums" („Brevarium totius Evangelii").[47] Zugleich zeigt die später hinzugefügte Schlussdoxologie, dass es rasch in einen kultischen Rahmen transformiert wurde.[48]

Eine erhebliche Umstellung christlichen Betens stellte ebenfalls die seit dem 3. Jahrhundert sich ausbreitende Sitte dar, direkt zu Christus zu beten. Dabei stehen wohl die ariani-

---

[42] S. Meyer-Blanck, Gebet 221 f.
[43] Luz, Ulrich, Das Evangelium nach Matthäus (Mt 1–7) (EKK I/1), Düsseldorf 2002⁵, 455.
[44] S. hierzu vor allem im jüdischen Kontext genauer Becker, Jesus 331–333.
[45] S. Luz, Evangelium 456.
[46] Becker, Jesus 336.
[47] Zitiert nach Luz, Matthäus 438 bzw. 438 Anm. 29.
[48] S. Grethlein, Lebensform 32.

schen Auseinandersetzungen im Hintergrund.[49] Auf die damit verbundene Problematik verweist Meyer-Blanck: „Die massive Erhöhung des Sohnes im Gebet entfernte ihn immer mehr von den Menschen. Es ist darum keine Überraschung, dass sich das Gebet seit dieser Zeit zunehmend an andere menschliche Mittler richtete, eben an die Heiligen. Der Kampf gegen den Arianismus hatte also seinen Preis. Er entfernte Jesus von den Betenden und untergrub letztlich das relationale trinitarische Verständnis."[50] Zunehmend wurden jetzt Heilige als Vermittler zu Gott hin betend in Anspruch genommen. So wurde das „Gebet [...] vielfach von einer Praxis jedes Christenmenschen [...] zu einer ausgelagerten Dienstleistung."[51] Im Mönchtum selbst wurde es „teilweise zum asketischen Hochleistungssport."[52]

Hier führten Luther und die Reformation mit der Bitte um einen gnädigen Gott wieder zurück zu den Ursprüngen des Betens als Ausdruck der christlichen Lebensform. Inhaltlich kam es dann im Zuge der Aufklärung zu einer Umakzentuierung auf die „innerweltliche Zukunft"[53] hin.

In der heutigen Beschleunigungsgesellschaft gewinnen über die skizzierten inhaltlichen, bereits in den Schriften der Bibel und dann später sich verändernden Schwerpunkte hinaus die äußeren Bedingungen des Betens an Bedeutung. Beten erfordert eine *„aus dem Alltag ausgesonderte Zeit"*[54] und wird durch bestimmte Orte der Ruhe sowie des Ungestörtseins erleichtert. Die Dauerreichbarkeit durch das Smartphone ist hiermit nicht zu verbinden, es sei denn es kommt zu einer

---

[49] S. Meyer-Blanck, Gebet 293.
[50] A.a.O. 294.
[51] A.a.O. 157.
[52] A.a.O. 153.
[53] A.a.O. 177.
[54] S. a.a.O. 95.

elektronisch vermittelten Gebetsgemeinschaft, die aber wiederum nicht von außen gestört werden darf.

Ein solcher „Rückzug aus der Welt"[55] kann auch prägend auf die sonstige Lebensgestaltung wirken. Bereits Martin Luther machte auf dessen persönlichkeitsbildendes Potenzial aufmerksam: „Und wird durch Gebet auch verstanden nicht allein das mündliche Gebet, sondern alles, was die Seele schafft in Gottes Wort: zu hören, zu reden, zu dichten, zu betrachten." (WA 10/I 1,435,8–10)

Ähnliche, gegenwärtiger Ökonomisierung und Beschleunigung entgegenstehende Perspektiven eröffnet das *Segnen* bzw. *Gesegnet-Werden*. Kommunikativ geht es auf die elementare Situation des Grüßens und Abschiednehmens zurück, in der dem/der Anderen alles Gute gewünscht wird. Dabei steht die Einsicht im Hintergrund, dass das gewünschte Wohlergehen nicht selbst geleistet werden kann, sondern zugesprochen werden muss. Dazu bedarf es der Zeit für- und der Konzentration aufeinander.

Sozial war das Segnen bzw. Gesegnet-werden ursprünglich im familiären Bereich verankert:

„Der älteste und konstanteste Sitz im Leben ist das Zusammenleben in Haus und Familie. Väter bzw. Familienoberhäupter segnen die Kinder, besonders bei der Hochzeit (Gen 24,60; Tob 7,13), vor einer Reise (Gen 28,6; 32,1) und beim Herannahen des Todes (Gen 27; 49). Aber auch Hausvater und Gesinde segnen einander (Ruth 2,4). Dieser Sitz im Leben der Familie ist in den Patriarchenerzählungen vorausgesetzt, ist bis in die Makkabäerzeit in der erzählenden Literatur erwähnt und auch in der Weisheitsliteratur (Sir 3,9) bezeugt. Er ist also immer durchgehalten worden."[56]

---

[55] A.a.O. 96.
[56] Scharbert, Josef, Art. ברך, in: ThWAT 1 (1973), 808–841, 837 (s. dort auch einzelne Belegstellen).

Ein bekanntes und zugleich die mit dem familiären Kontext möglicherweise verbundenen Wirrungen präsentierendes Beispiel hierfür ist der Erstgeburtssegen des Isaak (Gen. 27).

„Dieser Segen enthält die Lebenskraft, die der Vater an den Sohn weitergibt, und ist einzig, unwiderruflich und wirkt unbedingt. Seine Übertragung erfordert offensichtlich viel Kraft, denn der Spender muss vorher gut essen und trinken, und erfolgt wohl durch einen rituellen Vollzug, bei dem unmittelbar sinnliche Wahrnehmungen (Berührung, Geruch) eine große Rolle spielen."[57]

Solche Kommunikation war – wie die Schilderung der Segnung des Jakob zeigt – anfangs nur schwach theologisch geprägt (Gen 27,7,28). Doch gewann sie durch ihren Zusammenhang mit Gott als Schöpfer an Gewicht, wie die entsprechenden Segnungen in der priesterschriftlichen Schöpfungspoesie zeigen (Gen 1,22,28; 2,2). Es wurden verschiedene Tiere, die Menschen sowie der Sabbat als Tag der Ruhe gesegnet. Dementsprechend manifestiert sich die Kraft des göttlichen Segens in der Hebräischen Bibel „als Fruchtbarkeit, Wachstum und Gedeihen" von Menschen, Tieren und Acker.[58]

Diese *schöpfungstheologische Prägung des Segens* findet sich als selbstverständliche Voraussetzung auch im *Neuen Testament*. Er entfaltet sich hier in mehrfacher Weise dadurch, „dass er 1. Saat und Ernte reichlich wachsen und gedeihen lässt, 2. das Leben behütet und bewahrt, 3. die Zugehörigkeit zum Reich Gottes, Rettung und Heil, Gerechtigkeit und ewiges Leben als Gaben des Geistes bewirkt und 4. mit dem Glauben und der Gottesbeziehung zugleich auch die Gemeinde

---

[57] Grethlein, Christian, Benediktionen und Krankensalbungen, in: Schmidt-Lauber, Hans-Christoph / Meyer-Blank, Michael / Bieritz, Karl-Heinrich (Hg.), Handbuch der Liturgik, Göttingen 2003³, 551–574, 552 f.

[58] Veijola, Timo, Art. Segen / Segnen und Fluch II, in: TRE 31 (2000), 76–79, 77.

stärkt und wachsen lässt."⁵⁹ Von daher kann dann apostolisch Christus selbst als Segen gepriesen werden (Eph 1,3). Gott segnet durch Christus (Gal 3,14). Dabei erscheint Segen als dankbar zu empfangende Gabe.

Seit dem 3. Jahrhundert sind auch Segenshandlungen an Gegenständen überliefert.⁶⁰ Inhaltlich fällt auf, dass die Danksagung im Segensverständnis zunehmend hinter die Bitten, die mit ihm verbunden werden, zurücktritt.⁶¹ Der Übergang wird deutlich in der folgenden Benediktion aus dem Euchologion des Serapion von Thmuis († nach 362):

„Schöpfer des Himmels und der Erde, du hast den Himmel durch den Reigen der Sterne gekrönt und durch Lichter erleuchtet; du hast die Erde zum Nutzen der Menschen mit Früchten ausgestattet; dem von dir erschaffenen Menschengeschlecht hast du die Gnade verliehen, von oben her den Glanz und das Licht der Gestirne zu genießen und von unten her durch die Früchte der Erde ernährt zu werden. Wir bitten: Sende belebenden Regen in Fülle; lass auch die Erde Früchte hervorbringen und reichen Ertrag abwerfen um deiner Menschenfreundlichkeit und Güte willen. ..."⁶²

Der Dank für Gottes Segen wird hier weitergeführt in die Bitte um ihn. Die oft prekären Lebensumstände der Menschen im Mittelalter verstärkten diese Tendenz, wobei der Übergang zu magischen, also den Segen erzwingenden Handlungen fließend war.

„Volkskundliche Forschungen zeigen, dass es gerade hier zu vielfachen Verschlingungen von Volksleben mit all seinen bis zur Zauberei reichenden Praktiken der Lebensbewältigung und dem gottesdienstlichen Handeln kam, wobei die lateinischen Worte der Riten

---

⁵⁹ Heckel, Ulrich, Der Segen im Neuen Testament. Begriff, Formeln, Gesten (WUNT 150), Tübingen 2002, 24.
⁶⁰ S. Grethlein, Benediktionen 555.
⁶¹ A. a. O. 555 f.
⁶² Zitiert a. a. O. 555 f.

bei den Ungebildeten magischen Missverständnissen Vorschub leisteten."[63]

Auf jeden Fall begleiteten kirchliche Segenshandlungen das ganze private und öffentliche Leben im Mittelalter.[64] In der Auseinandersetzung mit sog. Ketzern wurde das benediktionelle Handeln sogar teilweise zum Differenzkriterium.[65]

Gegen diese ausufernde Benediktionspraxis richtete sich dann der Protest Martin Luthers und der ihm folgenden Theologen.[66] Zwar führte er den sog. Aaronitischen Segen als Schlusssegen in die Messe ein – in der „Formula Missae" (1523) noch als Alternative zu traditionellen Formen, in der „Deutsche(n) Messe und Ordnung des Gottesdienstes" (1526) bereits als einzige Form. Bis heute kann diese direkt sinnlich ansprechende Segensformel Menschen tief bewegen, wie folgender Bericht eines Pfarrers zeigt:

„Frau B. erscheint nach einem Gottesdienst in der Sakristei, um mir in bewegten Worten für diesen Gottesdienst zu danken. Sie habe seit vielen Jahren keine Kirche mehr von innen gesehen, aber heute habe ihr die Verzweiflung bis zum Hals gestanden, sie habe ständig mit Selbstmordgedanken kämpfen müssen, und da sei sie einfach den Glocken gefolgt und habe die Kirche aufgesucht. Sie müsse ehrlich gestehen, daß sie sich zunächst gar nicht wohl gefühlt habe, alles sei ihr so fremd und ungewohnt gewesen. Auch von der Predigt habe sie wenig verstanden [...] Schon habe sich ihrer ein tiefes Enttäuschungsgefühl bemächtigt, aber ganz am Schluß, da habe sie mich mit erhobenen Händen am Altar stehen sehen, und da habe ich etwas gesagt, was sie wie ein Lichtblitz plötzlich getroffen habe, und auf einmal sei ein ganz tiefer Friede in ihr eingekehrt, das Gefühl, dass

---

[63] A. a. O. 556.
[64] S. ausführlich hierzu mit mannigfaltigen Beispielen Franz, Adolf, Die kirchlichen Benediktionen im Mittelalter 2 Bde., Graz 1960 (1909).
[65] S. am Beispiel der Waldenser Grethlein, Benediktionen 559.
[66] S. z. B. WA 50,647.

ihr eigentlich doch nichts passieren könne. [...] es sei etwas mit einem leuchtenden Angesicht gewesen und vom Frieden [...]."[67]

Aber die vielfältigen im 16. Jahrhundert praktizierten Sach- und etliche Personalbenediktionen lehnte Luther entschieden ab. So wurden Benediktionen „zu Kennzeichen des Katholischen".[68] Die mit dem Segen verbundene, auf den Leib bezogene Sinnlichkeit wich der zunehmenden Konzentration auf das in der Predigt ausgerichtete Wort.

Doch gab es auch in protestantischen Kreisen Wiederentdeckungen der segnenden Kraft. So bürgerte sich in pietistischen Kreisen „die Sitte des Reisesegens ein, den der Hausvater mit Handauflegung über einem Familienmitglied vollzieht, das verreist bzw. etwas Neues beginnt."[69] Dazu kamen die seit dem 19. Jahrhundert unter den Begriff der „Kasualien" gefassten liturgischen Vollzüge an Übergängen im Lebenslauf.[70] Sie erfreuen sich bis heute großer Beliebtheit, werden aber mittlerweile teilweise in nichtkirchlich verantwortete Riten transformiert.[71]

Schließlich findet das Segens-Konzept sogar Eingang in die digitale Kultur. So wurde etwa bei der Weltausstellung zur

---

[67] Zitiert nach Grethlein, Christian, Segen, in: Rothgangel, Martin / Simojoki, Henrik / Körtner, Ulrich (Hg.), Theologische Schlüsselbegriffe. Subjektorientiert – biblisch – systematisch – didaktisch, Göttingen 2019, 379–389, 379f.

[68] Hollerweger, Hans, Konkrete Analyse von Phänomenen des Benediktionale und Processionale in Geschichte und Gegenwart, in: LJ 27 (1977), 42–63, 46.

[69] Grethlein, Benediktionen 560.

[70] S. Albrecht, Christian, Kasualtheorie. Geschichte, Bedeutung und Gestaltung kirchlicher Amtshandlungen (PThGG 2), Tübingen 2006, 1–7.

[71] S. hierzu Schweighofer, Teresa, Das Leben deuten. Eine praktisch-theologische Studie zu Freier Ritualbegleitung (S.Th.P.S. 109), Würzburg 2019.

Reformation in Wittenberg 2017 neben der Lichtkirche ein sog. Segensroboter aufgestellt.

„BlessU-2 ist ein 1,8 Meter großer humanoider Roboter. Augen und Augenbrauen sind beweglich, sein Mund ist ein kleiner Bildschirm – so kann er ein wenig Mimik darstellen. Er hat bewegliche Arme und Hände, um segnen zu können: In jeder Hand ist eine Lampe angebracht, was die optische Wirkung des Segens verstärkt, wenn er die Hände öffnet […] Bedient wird der Roboter über einen Touchscreen, der in den Torso eingelassen ist. Darüber kann sich der Segensuchende seinen Segen zusammenstellen. So kann er wählen, ob er sich von einer weiblichen oder einer männlichen Stimme segnen lassen möchte und welchem Zweck der Segen dienen soll, etwa zur Ermutigung. Der Roboter wählt dann einen passenden Bibelspruch aus und spendet den Segen […] Wer möchte, kann sich den Segen anschließend ausdrucken lassen".[72]

Trotz mancherlei Vorbehalte erfreute sich das Gerät regen Zuspruchs. Und die meisten so Gesegneten zeigten sich tief beeindruckt.[73]

Dorothea Greiner wies bei ihrem Versuch, das Segnen systematisch zu bestimmen, auf das hier gegebene *Ineinander von Regression und Progression* hin: „Gesegnet werden ist eine Erfahrung der Regression, die Progression ermöglicht."[74] Dabei steht die Regression, in Form des Empfangs eines von außen kommenden Zuspruchs am Anfang. „Der Segen ist der Ort höchster Passivität. Es ist der tiefste Ort des Nicht-Ich und des Ich. Es ist der Ort, an dem wir werden, weil wir angesehen

---

[72] Zitiert nach Grethlein, Segen 380 f.

[73] S. ausführlicher Grethlein, Christian, Benedictio ex machina. Praktische-theologische Perspektiven, in: Gemeinschaftswerk der Evangelischen Publizistik (Hg.), Segensroboter. Geistliche Handlungen und Künstliche Intelligenz (KI) (epd Dokumentation 20. März 2018), 19–24.

[74] Greiner, Dorothea, Segen und Segnen. Eine systematisch-theologische Grundlegung, Stuttgart 1998, 40.

werden; es leuchtet ein anderes Antlitz über uns als das eigene […]."[75]

Diese Erfahrung mündet in die Ermutigung des/der Gesegneten und damit möglicherweise in deren entsprechendes Verhalten.

In der Terminologie Hartmut Rosas formuliert: Die Resonanz, also das Empfangen, ist zumindest in besonderen Situationen auch heute vielen Menschen wichtig. Dass dies mit der sonst die Lebensvollzüge vieler Zeitgenossen bestimmenden Lebensform des „Homo simultans" unvereinbar ist, ist evident. Die inhaltliche Bestimmung dieser Resonanz auf Gott als Schöpfer in der christlichen Lebensform eröffnet die Möglichkeit, das punktuelle Erleben durch Rituale anlässlich von Übergängen im Leben auf das übrige Leben zu beziehen. Bei dieser Lebensform sind die konkreten Segnungen eine wichtige Hilfe.

Gebete und Segnungen sind zudem grundlegende Bestandteile der beiden für Christsein konstitutiven Vollzüge des Mahlfeierns und des Taufens:

Offensichtlich waren *Mahlfeiern* ein wesentlicher Bestandteil des Wirkens Jesu. Hier konnten Menschen mit ihm den Anbruch der Gottesherrschaft erleben, also das Zentrum von Jesu Lehre. Besonders ausführlich berichtet das Lukas-Evangelium hiervon, und zwar in neun Episoden: „Berufung des Levi (5,27–39); Gastmahl beim Pharisäer Simon (7,36–50); Speisung der 5000 (9,10–17); Gastmahl bei Martha und Maria (10,38–42); Mähler bei Pharisäern (11,17–53; 14,1–14); Begegnung mit Zachäus (19,1–27); Abschiedsmahl von den Jüngern

---

[75] Steffensky, Fulbert, SEGEN: Die Grundgeste der jüdisch-christlichen Tradition, in: Gemeinsame Arbeitsstelle für gottesdienstliche Fragen 28 (1997), 1–15, 2.

III. Christsein als aktuelle Lebensform

(22,1–38); Abendessen mit dem Auferstandenen in Emmaus (24,13–35)."[76] Dabei fällt die auch damals ungewöhnliche inklusive Weite der Beteiligten auf.

„Whether in the form of stories or letters to specific communities, the Christian literature of the first century regularly advocated for inclusion at meals of people who for one reason or another had been kept outside. Invitation to meals of marginalized people in this literature addressed poor people, the lame, the blind, women, tax collectors, Jews, and gentiles. By and large, each text focused on one specific inclusion."[77]

Inklusion gehört offenkundig konstitutiv zur christlichen Lebensform. Wie schwer dies durchzuhalten war, zeigt bereits ein Blick in die Mahlpraxis Ende des 2. Jahrhunderts. So rät z. B. Clemens von Alexandrien sog. ehrbaren Frauen, möglichst selten und nur gut gekleidet an Mahlfeiern teilzunehmen, unverheirateten Frauen rät er vollständig ab. Auf jeden Fall gehörte zu den Feiern bei aller Pluriformität im Einzelnen[78] intensive Interaktion der Anwesenden, was – wie z. B. die Nachricht vom Rangstreit der Jünger hinsichtlich des Liegeplatzes zeigt (Luk 22,24–27) – auch zu Auseinandersetzungen führen konnte. Durch die spätere kultische Überformung der Mahlzeiten sowie ihre Bestimmung durch die kirchliche Hierarchie traten sowohl die Inklusion als auch der Alltagsbezug zurück.[79] Erst neuere liturgische Innovationen – wie im deutschen Protestantismus durch das sog. Feierabendmahl[80] –

---

[76] Grethlein, Christian, Abendmahl feiern in Geschichte, Gegenwart und Zukunft, Leipzig 2015, 28 f.

[77] Hal Taussig, In the Beginning was the Meal. Social Experimentation & Early Christian Identity, Minneapolis 2009, 48.

[78] S. hierzu knapp zusammenfassend Grethlein, Abendmahl 214 f.

[79] Zur Entwicklung des sog. Herrenmahls in der Kirchengeschichte s. den knappen Überblick a. a. O. 21–106.

[80] S. zur Initiierung beim Nürnberger Kirchentag Kugler, Georg/

lassen etwas von der ursprünglichen Ausstrahlung ahnen. In ihr kulminiert das zum Segen Ausgeführte: die grundlegende Danksagung für die Schöpfungsgaben; die hieraus entstehende Gemeinschaft sowie daraus erwachsende Handlungsimpulse. Sie stehen der Lebensform des „Homo simultans" – und des „Homo oeconomicus" – grundsätzlich entgegen.

Schließlich verdichten sich Beten und Gesegnet-Werden in der *Taufe* als wesentlichem Vollzug der christlichen Lebensform. Dies wurde wesentlich initiiert durch die Tatsache, dass Jesus sich durch Johannes taufen ließ.

„Das Taufen des Juden Johannes vollzog sich in der Tradition prophetischer Zeichenhandlungen und folgte ,dem Prinzip der Analogisierung, d.h. der heilsgeschichtlich-typologischen Entsprechung von Vergangenheit, Gegenwart und Zukunft'. Der Ort am Jordan erinnert an den Exodus als grundlegende Heilstat Gottes, zugleich erfolgt eine Versiegelung der Getauften für das zukünftige Endgericht. Die Kleidung und Ernährung des Täufers verweisen auf die Wüste, durch die das Volk Israel nach dem Durchqueren des Schilfmeers ziehen musste. Das unterstreicht den theologischen Grundcharakter der Johannestaufe als Ritual der Buße und Sündenvergebung."[81]

Wie auch sonst beim Segen erfordert die Taufe – im Unterschied zu anderen jüdischen Wasserriten – deren Empfangen. Niemand kann sich selbst taufen; er/sie muss getauft werden.

Lindner, Herbert, Das Feierabendmahl in St. Lorenz. Überlegungen, Bericht, Reaktionen, in: Kugler, Georg (Hg.), Forum Abendmahl, Gütersloh 1979, 73–126; s. auch Lindner, Herbert, Feierabendmahl, in: Schmidt-Lauber, Hans-Christoph/Meyer-Blanck, Michael/Bieritz, Karl-Ernst (Hg.), Handbuch der Liturgik. Liturgiewissenschaft in Theologie und Praxis der Kirche, Göttingen 2003³, 900–909.

[81] Grethlein, Christian, Taufpraxis in Geschichte, Gegenwart und Zukunft, Leipzig 2014, 19, unter Bezug auf Meßner, Reinhard, Einführung in die Liturgiewissenschaft, Paderborn 2009², 65.

Durch die von Anfang an mit der Taufe verbundene Handauflegung wurde auch rituell ein Kommunikationsakt der Nähe aufgenommen. Angesichts der Dichte des Taufvollzugs, der sich schon bald in fünf Grundsymbolen ausdrückt – Bezeichnung mit dem Kreuz, Namensnennung, Wasser, Handauflegung, Kerze[82] –, erfordert diese Handlung Konzentration ohne Ablenkung von außen. Nimmt man die Interpretation der Taufe bei Paulus in Röm 6 hinzu, so ist der Taufritus Ausdruck eines lebenslangen Prozesses, der schließlich nach dem biologischen Tod in die Auferweckung mündet. Die Konzentration im Ritus auf Gott weist also eine das ganze Leben umfassende Dimension auf. Auch diese steht in ihrem Angewiesensein auf Gottes Begleitung der eigenmächtigen Lebensform des „Homo simultans" – und des „Homo oeconomicus" – entgegen.

3. Sterben und Tod als Teil des menschlichen Lebens

Sterben und Tod gehören selbstverständlich zum (menschlichen) Leben – eigentlich. Doch wird diese Tatsache gegenwärtig weitgehend verdrängt, wie nicht zuletzt die Lebensform „Silver Ager" dokumentiert. Der Altersprozess wird hier unter der Perspektive von grundsätzlich unbegrenzter Aktivität[83] nivelliert, die Begrenzung des Lebens durch Sterben und Tod ausgeblendet.

Anders in der *Hebräischen Bibel*. Den Hintergrund hierzu bildet eine gegenüber heutigem Leben in – nicht in kriegeri-

---

[82] S. Grethlein, Christian, Taufen (PThk 1), Göttingen 2020, 71–75.

[83] Zusammenfassend hierzu Sidorenko, Alexandre / Walter, Alan, The Madrid International Plan of Action on Ageing. From conception to implementation, in: Ageing and Society 24 (2004), 147–165.

sche Auseinandersetzungen verwickelten – ökonomisch reichen Gesellschaften andersartige *Nähe zum Tod:*

„Die Menschen im alten Orient waren tagtäglich mit dem drohenden Tod konfrontiert. Kriege, Katastrophen und Gewaltverbrechen forderten zahllose Menschenleben, Unfälle, Verletzungen und Krankheiten führten häufig zum Tod. Hohe Kindersterblichkeit und Mangelernährung waren verbreitet. Die durchschnittliche Lebenserwartung des altorientalischen Menschen lag schätzungsweise zwischen 30 und 40 Jahren."[84]

Das Bewusstsein, dass das Leben schnell enden kann, fand seinen Niederschlag auch in poetischen Bildern, die wiederum einen schöpfungstheologischen Hintergrund haben: „So werden die Menschen mit einer Blume verglichen, die in ihrer Schönheit blüht und verblüht (Jes 40,6; Hi 14,1) oder mit Gras, das aufwächst und verwelkt resp. abgeschnitten wird (Ps 90,5f.; 103,15f.)."[85] Bereits in der zweiten Schöpfungserzählung wird die Sterblichkeit des Menschen anschaulich als von Gott gemacht geschildert. Der Mensch wird dort aus „Staub" (Gen 2,7), also vergänglichem Material, geschaffen. „Problematisch ist nicht der Tod an sich, sondern die Möglichkeit des Unsterblichwerdens, die der Baum des Lebens offeriert."[86] Für die Toten setzen die Texte bis ins vierte bzw. dritte Jahrhundert (v. Chr.) die „Scheol", eine düstere Unterwelt, als Aufenthaltsraum voraus.[87] Von daher ist die Furcht vor dem Tod verständlich, wie sie z.B. Hiob äußert:

„Ist denn mein Leben nicht kurz? So höre auf und lass ab von mir, dass ich ein wenig erquickt werde, ehe ich denn hingehe – und kom-

---

[84] Fischer, Alexander, Der Tod im Alten Testament und sein altorientalischer Kontext, in: Volp, Ulrich (Hg.), Tod (Themen der Theologie 12), Tübingen 2018, 11–56, 11.
[85] A.a.O. 40.
[86] Schmid, Theologie 279.
[87] S. Fischer, Tod 33f.

me nicht zurück – ins Land der Finsternis und des Dunkels, ins Land, wo es stockfinster ist und dunkel ohne alle Ordnung, und wenn's hell wird, so ist es immer noch Finsternis." (Hi 10,20 ff.)

Zunächst scheint auch Jahwe in keiner Beziehung zur Scheol zu stehen. So ist ein theologisches Problem in der Hebräischen Bibel unübersehbar:

„Der Tod ist einerseits als ein Raum gnadenloser Gottesferne beschrieben, in den Jahwe nicht mehr hineinwirken kann; jeder menschliche Versuch, auch nur die geringste Verbindung zwischen der Totenwelt und Jahwe herzustellen, wird streng unterbunden. Andererseits wird aber auch dem Tod jede Jahwe gegenüber selbständige, eigene Mächtigkeit bestritten; daß in der Totenwelt ein selbständiger Herrscher regiere, ist nicht zu denken."[88]

Erst im 2Makk, also im ersten vorchristlichen Jahrhundert, wird von der Praxis berichtet, für Verstorbene zu beten.[89]

Dieses lange Zeit während *Bewusstsein der Endgültigkeit des Todes* führte in der weisheitlichen Literatur zu vertiefter Einsicht in die Gabe und – potentielle – Schönheit des Lebens.

Der Prediger empfiehlt: „So geh und iss dein Brot mit Freuden, trink deinen Wein mit gutem Mut; denn dein Tun hat Gott schon längst gefallen. Lass deine Kleider immer weiß sein und lass deinem Haupte Salbe nicht mangeln. Genieße dein Leben mit der Frau, die du lieb hast, solange du das eitle Leben hast, das dir Gott unter der Sonne gegeben hat; denn das ist dein Teil am Leben und bei deiner Mühe, mit der du dich mühst unter der Sonne. Alles, was dir vor die Hände kommt, es zu tun mit deiner Kraft, das tu; denn im Totenreich, in das du fährst, gibt es weder Tun noch Denken, weder Erkenntnis noch Weisheit." (Pred 9,6–10)

---

[88] Wolff, Hans Walter, Anthropologie des Alten Testaments, München 1977³, 162.
[89] S. Kaczynski, Reiner, Die Sterbe- und Begräbnisliturgie, in: Kleinheyer, Bruno/v. Severus, Emmanuel/Kaczynski, Reiner, Sakramentliche Feiern II (GDK 8), Regensburg 1984, 191–232, 202.

3. Sterben und Tod als Teil des menschlichen Lebens

Die Hinwendung zu den Genüssen des Lebens könnte auch ein „Silver Ager" als Lebensziel angeben. Die Differenz zur biblischen Auffassung liegt in der Begründung. Der Prediger empfiehlt sie gerade nicht unter Negierung der Endlichkeit des Lebens, während ein „Silver Ager" diese ausblendet. Während es im ersten Fall ein „Genug" gibt, strebt die moderne Lebensform nach „Immer mehr". Von daher begegnet in der Hebräischen Bibel auch bei einigen hervorragenden Personen, nämlich Abraham (Gen 25,8), Isaak (Gen 35,29) und Hiob (Hi 42,17), die Wendung „alt und lebenssatt" (wörtlich: satt an Tagen).[90] Im ersten Jahrhundert n.Chr. wird dies dann mit der Annahme aufgenommen, dass Gottes Hand die Gerechten nach dem Tod bewahrt: „Aber die Seelen der Gerechten sind in Gottes Hand, und keine Qual rührt sie an. In den Augen der Unverständigen galten sie als tot. Ihr Scheiden wurde für Strafe gehalten und ihr Fortgehen für Verderben; aber sie sind im Frieden." (Weish 3,1 ff.)

Von daher waren – auch abgesehen von philosophischen Modellen des Weiterlebens der Seele – im Judentum gewisse Öffnungen über den Tod bereits zu Jesu Lebzeiten präsent, was durchaus auch anderen Glaubensformen entsprach:

„Vielfältig sind in den Texten etwa die Angaben zu den Jenseitsorten, die von der ‚Unterwelt' bis zu einem jenseitigen ‚Paradies' reichen. Undeutlich bleibt häufig, ob im Jenseits nur die ‚Seele' eine Rolle spielt oder auch der ‚Leib'. Ist von Auferstehung der Toten die Rede, dann entweder als Auferstehung nur der Gerechten, oder aber als allgemeine Auferstehung zum Gericht mit doppeltem Ausgang. Das Endgericht ist indes auch kombinierbar mit einem jenseitigen Gericht über die Seelen bzw. Geister."[91]

---

[90] S. Grethlein, Christian, Sterben und Tod – Teil des Lebens, Leipzig 2022, 38.
[91] Vogel, Manuel, Der Tod im Neuen Testament vor dem Hintergrund

Eine neue inhaltliche Bestimmung erhielten solche Vermutungen im *Neuen Testament* durch das Sterben und den Tod Jesu für die ihm Nachfolgenden. Dabei ist zu beachten, dass alle „Leitgestalten der neutestamentlichen Zeit, Johannes der Täufer, Jesus, Stephanus, Jakobus der Herrenbruder, Paulus, Petrus und die Zebedaiden" ein gewaltsames Ende fanden und so kein höheres Lebensalter erreichten.[92] „Silver Ageing" konnte hier nicht in den Blick kommen.

Der schon kurz nach der Kreuzigung Jesu um sich greifende Auferstehungsglaube[93] setzt zum einen Sterben und Tod voraus. Zum anderen knüpft er nicht an die etwa im Platonismus geläufige Leib-Seele-Trennung an, sondern behauptet eine leibliche Auferweckung. Zuerst hofften die jetzt „Christen" Genannten auf eine baldige Wiederkehr Jesu. Dementsprechend dachten sie über das dann zu Erwartende nach. So kam es z.B. zu Gerichtsvorstellungen. Als die Parusie Jesu Christi ausblieb, die noch Paulus zu seinen Lebzeiten erwartete (1Thess 4,13–17), bildeten sich – durchaus im Rückgriff auf ähnliche Vorstellungen in anderen Kulten – räumliche Vorstellungen für ein Leben nach dem Tod, etwa im sog. Himmel.[94] Die Taufe als Ritual der Christus-Mimesis sollte dann die Gewähr für die – zukünftige (Röm 6,4) – Auferweckung bieten. Analog zu dem paganen Ritus des Leichenschmauses wurde das Herrenmahl neu akzentuiert. Sein Vollzug auf den Friedhöfen sollte den Glauben an die Auferweckung stärken.

---

antiker ars moriendi, in: Volp, Ulrich (Hg.), Tod (Themen der Theologie 12), Tübingen 2018, 57–115, 58 f.

[92] Grethlein, Altern 80.

[93] S. zu den verschiedenen Textüberlieferungen Schröter, Jens, Jesus von Nazaret. Jude aus Galiläa – Retter der Welt, Leipzig 2006², 303–315.

[94] S. die Zusammenstellung unterschiedlicher Konkretionen im Neuen Testament bei Grethlein, Sterben 50 f.

Mit der Transformation des Christentums in die Staats-Religion im 4. Jahrhundert prägten zunehmend obrigkeitliche Interessen die Anschauung von Sterben und Tod. Der Gerichtsgedanke öffnete hier den Zugang zu ethischen und moralischen Regeln, deren Einhaltung nach dem Tod zum Lohn des ewigen Lebens führen sollte. Zwischenkonstruktionen wie die eines sog. Fegefeuers zur Reinigung von Verstorbenen bzw. ihrer Seelen von Sünden können als Vermittlungsversuch zwischen ethischem Rigorismus und tatsächlicher Lebenspraxis – zumindest der meisten Menschen – verstanden werden. In der vom römischen Papsttum aus leicht verständlichen, finanziell einträglichen Gründen geförderten Institution des Ablasses kam es schließlich zu einer Monetarisierung des Auferstehungsglaubens, gegen den dann im 16. Jahrhundert die Reformatoren protestierten.

Auf jeden Fall bot der *Auferstehungsglaube* vielen Menschen in Zeiten, in denen jedes Lebensalter gleichermaßen vom Tod bedroht und den meisten nur ein – in heutiger Sicht – kurzes Leben vergönnt war, Trost und Orientierung. Tatsächlich bildete sich eine eigene „Ars moriendi" zuerst in den Klöstern und bald ins alltägliche Leben ausstrahlend aus.[95] Menschen wurden hier durch Gebet und Meditation auf das Sterben vorbereitet und entsprechend begleitet, etwa durch erleichternde Beichte, anschließende Sündenvergebung, Salbung und das Reichen der Eucharistie als Wegzehrung – hin auf ihrem Weg zum Paradies. Es bildete sich so eine ausgefeilte Abschieds-Ritualistik heraus, die wohl auch in den Alltag der Menschen wirkte.

---

[95] S. Volp, Ulrich, Der menschliche Tod in den christlichen Gemeinden. Kirchengeschichtliche Perspektiven, in: Ders. (Hg.), Tod (Themen der Theologie 12), Tübingen 2018, 117–161, 143–149.

Ob damit allerdings Katastrophen wie die *Pest-Epidemie* in der Mitte des 14. Jahrhunderts ertragen bzw. bewältigt werden konnten, erscheint zweifelhaft.[96] Denn die Kirchenlehre hatte die Hoffnung auf ewiges Leben an bestimmte Vollzüge etwa beim Sterben und Begraben geknüpft. Doch stand die Pest sowohl dem Abschied durch das vom Priester gereichte Viatikum als auch der Benediktion bei der Grablegung entgegen. Viele starben allein und ungetröstet; ihre Leichen wurden nur verscharrt.

Denkerisch stand der mit der *Aufklärung* anhebende kritische Vernunftansatz den im Lauf der Jahrhunderte entwickelten, anschaulichen Formen des Weiterlebens entgegen. Praktisch übernahm die *Medizin* weithin den Umgang mit dem Sterben. Wo früher ein Priester gebeten wurde, den Sterbenden sakramental zu begleiten, ruft man heute den Notarzt/ die Notärztin oder liefert den Sterbenden in ein Krankenhaus ein. Dabei gerät aber oft die Begleitung des Sterbens aus dem Blick; dieses soll ja möglichst lange und weit hinausgeschoben werden. Allerdings bildete sich seit dem Ende der 60er Jahre des 20. Jahrhunderts mit Gründung des ersten Hospizes (St. Christopher's Hospice, 1967) in London durch Cicely Saunders, einer bekennenden Christin, ein Gegenmodell heraus.

„St. Christopher's Hospice is a religious foundation, based on the full Christian faith in God, through Christ. Its aim is to express the love of God to all come, in every possible way, in skilled nursing and medical care, in use of every scientific means of relieving suffering and distress, in understanding personal sympathy, with respect for the dignity of each patient as a human being, precious to God and man."[97]

---

[96] S. hierzu Gronemeyer, Marianne, Das Leben als letzte Gelegenheit. Sicherheitsbedürfnisse und Zeitknappheit, Darmstadt 1993, 7–15.

[97] Saunders, Cicely, The modern hospice (1984), in: Dies., Selected Writings, 1958–2004, Oxford 2006, 209.

So stehen heute in unserer Gesellschaft grundsätzlich zwei Zugangsweisen zu Sterben und Tod einander gegenüber: Auf der einen Seite die kurative Medizin, die Aktivierung der Menschen und die Lebensverlängerung als Hauptziele verfolgt; auf der anderen Seite das Bemühen, Sterben und Tod als Teil des Lebens anzunehmen und Menschen hierbei entsprechend zu begleiten.

In der Corona-Pandemie (2020–2022) zeigte sich die eindeutige Dominanz des Strebens nach Lebensverlängerung in der heutigen Gesellschaft (und Regierung). Patientinnen und Patienten in Krankenhäusern sowie Bewohnerinnen und Bewohner von Alters- und Pflegeheimen wurden ohne jede Rücksicht auf die Bedeutung der Begleitung beim Sterben von der Außenwelt abgetrennt. Sie durften auch von nächsten Angehörigen nicht besucht werden. Viele Menschen mussten so allein sterben – in christlicher Perspektive ein Skandal und eine tiefe Verletzung der dem Menschen von Gott geschenkten Würde.

Für die christliche Lebensform sind dagegen die *Dankbarkeit für das Geschenk des Lebens durch den Schöpfer* und damit auch die *Anerkennung der Begrenztheit des Lebens* grundlegend. Daraus ergibt sich die Begleitung von Sterbenden als wichtige Aufgabe.

4. Zusammenfassung und Ausblick

Der von Bundeskanzler Scholz am 27. Februar 2022 kurz nach Beginn des Ukraine-Kriegs in seiner Regierungserklärung verwendete Begriff „Zeitwende" drückt das gegenwärtig von vielen Menschen geteilte Empfinden nicht nur in politischer Hinsicht aus. Es stehen angesichts großer Krisen, konkret der ökologischen Situation, der Digitalisierung sowie des demografischen Wandels grundlegende Veränderungen an bzw. bevor. Aus theologischer Sicht kommen hier bisher dominante Lebensformen an ihre Grenzen. Der „Homo oeconomicus" – in Verbindung mit dem „Homo faber" – hat für viele Menschen ihre Lebensverhältnisse deutlich verbessert, wie nicht zuletzt die erhebliche Erhöhung der Lebenserwartung zeigt. Zugleich führt eine weitere Orientierung an dieser allein am technischen und ökonomischen Agieren der Menschen orientierten Lebensform und der damit einhergehenden Ausbeutung und Zerstörung der Natur letztlich in einen kollektiven Suizid. Auf den ersten Blick weniger dramatisch erscheint die Lebensform des „Homo simultans", der ständig und überall digital erreichbar ist und potenziell kommuniziert. Auch abgesehen von Phantasien eines „Homo Deus"[98] erscheint diese Lebensform eng mit der des „Homo oeconomicus" verbunden. Somatisch und psychologisch überfordert die Lebensform des „Homo simultans" (viele) Menschen und zerstört ihre Resonanzfähigkeit. Diese ist aber unerlässlich, um in ein lebensförderliches Verhältnis zur Natur – und damit auch zu den Mitmenschen – zu treten. Konkret spitzen sich die Probleme mit den genannten Lebensformen im Anti-Aging-Kult zu. Das „Immer mehr" gelangt – theologisch gesprochen: vom Schöpfer gewollt – im Alter und spätestens beim Sterben an ein Ende. Bereits die Weisheitsliteratur in der Hebräischen Bibel zeigt aber, dass die Begrenztheit des Lebens nicht nur etwas Negatives ist, sondern auch die Möglichkeit zu vertieftem Lebensgenuss bietet, indem die Grenzen des Lebens anerkannt werden. Dadurch gewinnt nicht zuletzt die Gegenwart an Bedeutung.

---

[98] Harari, Yuval Noah, Homo Deus. A Brief History of Tomorrow, New York 2017.

4. Zusammenfassung und Ausblick

Angesichts dieser skizzierten Probleme kommt der christlichen Lebensform neue und vor allem Leben erschließende Bedeutung zu. Sie geht von der – bereits in der Anrede des Vaterunsers anklingenden – Dankbarkeit gegenüber dem Schöpfer aus. Natur ist dabei kein Gegenstand des Verbrauchs, sondern des dankbaren Empfangens. Dazu gehört ein Anerkennen der zeitlichen Rhythmen der Natur. Deren Verbrauch bzw. besser: Verwendung muss sich ihnen anpassen. Vielleicht am gravierendsten verstößt der „Homo oeconomicus" gegenwärtig beim Konsum von Öl und Gas gegen diese schöpfungs- und damit lebensnotwendige Maxime.

Grundlegend für das Verhalten untereinander sind in der christlichen Lebensform die – positiv formulierte – Goldene Regel und das Doppelgebot der Liebe. Einseitige Orientierung am monetären Gewinn auf Kosten Anderer – auch das Internet ist Resultat eines riesigen Geschäftsbetriebs, wie die Börsenkurse zeigen – wird dadurch ausgeschlossen. Dazu ist als wichtige Schöpfungsgabe die im Bild des siebten Schöpfungstages benannte Ruhe grundlegend für Leben. Vorschläge wie der des „Internet-Sabbath" zeigen anschaulich die Aktualität dieser Dimension.

Endlich erschließt sich auch das Alt-Werden von Menschen von der schöpfungstheologisch begründeten Dankbarkeit her. Das mit dem Alt-Werden verbundene Aufhören steht dem „Immer mehr" des „Homo oeconomicus" und „Homo faber" diametral entgegen und könnte so der gesamten Gesellschaft wichtige Impulse geben. Dazu gehört die Anerkennung des Sterbens – und damit des Aufhörens – als Teil des Lebens. Dessen Technisierung auf Intensiv-Stationen raubt nicht nur den Sterbenden, sondern auch den sie potentiell Begleitenden wichtige Lebenserfahrungen.

Eine solche – sich wichtiger Impulse durch das Auftreten, Wirken und Geschick Jesu verdankende und in Auseinandersetzung mit gegenwärtigen Herausforderungen gewonnene – Lebensform, das Christsein, hat auch Konsequenzen für die eingangs kritisch skizzierten Konzepte „Glaube", „Kirche" und „Religion".

IV. Aktuelle Formen von Glauben, Kirche und Religion

Schon ein rascher Blick in die Christentumsgeschichte zeigt den Wandel von Glaube, Kirche und später auch Religion im Laufe der Jahrhunderte (s. I.). Ausgangs- und im Folgenden auch Bezugspunkt für meine Überlegungen zu deren aktuellen Formen sind das Auftreten, Wirken und Geschick des Juden Jesus von Nazaret. Seine Impulse wurden in den verschiedenen politischen, gesellschaftlichen und kulturellen Kontexten aufgenommen und entsprechend transformiert. Offensichtlich kam es dabei auch zu Verfälschungen und/bzw. Erstarrungen.

Wir leben gegenwärtig – wie Herman Daly formulierte – im Gegensatz zu früher, also auch zur Zeit Jesu, in einer „vollen Welt" (s. II.1), die durch „Große Beschleunigung" geprägt ist. Konkret ergeben sich aus der ökologischen Krise, der Digitalisierung von Kommunikation sowie dem demografischen Wandel neue Herausforderungen für die Lebensgestaltung. Die Defizite bisher noch weit verbreiteter Lebensformen wie der des „Homo oeconomicus", des „Homo simultans" und der „Silver Agers" sind unübersehbar. Sie stehen vor allem im Gegensatz bzw. in Spannung zu den natürlichen Lebensgrundlagen. Die christliche, im Vertrauen auf den Schöpfer gegründete Lebensform bietet hierzu eine grundsätzliche Alternative.

Um dies zu plausibilisieren, müssen jedoch sie beschreibende traditionelle Begriffe wie „Glaube", „Kirche" und „Religion" transformiert werden. Nur so können sie heute Menschen helfen, ihr Leben zu gestalten. Dafür sollen die folgenden Überlegungen Impulse geben. Entsprechend der Pluralität bereits in der Rezeption des Wirkens Jesu bei seinen Zeitgenossen und der heute ausgeprägten Individualisierung bzw. Singularisierung kann es sich hierbei nur um *exemplarische Hinweise* handeln. Sie sollen dazu anregen, in der je eigenen Situation nach Gestaltungen der christlichen Lebensform zu suchen. Inhaltlich weisen die drei ausgewählten Kommunikationsformen, Segnen bzw. Gesegnet-Werden, gemeinsames Essen und Trinken sowie Beten, elementarisierend auf die grundlegenden Modi der Kommunikation des Evangeliums hin: Helfen zum Leben, gemeinschaftlich Feiern sowie Lehren und Lernen.[1]

1. Glauben – Segnen als Helfen zum Leben

Nicht nur formal durch die die Bibel einleitenden Schöpfungserzählungen, sondern auch sachlich bildet das *Vertrauen auf Gott als Schöpfer der Welt und der Menschen* die Grundlage der christlichen Lebensform. Jesus formulierte dies deutlich in der Anrede seines Gebets: „Vater" (Mt 6,9; Lk 11,2). Das Vaterunser, und damit das Vertrauen auf den Schöpfer, verbindet – im Gegensatz zu den verschiedenen späteren Glaubensbekenntnissen – alle Christinnen und Christen miteinander.[2] Bei genauerem Hinsehen zeigt sich al-

---

[1] S. hierzu ausführlich Grethlein, Christian, Praktische Theologie, Berlin 2016², 256–330.

[2] Darauf macht aufmerksam Barth, Hans-Martin, Das Vaterunser. Inspiration zwischen Religionen und säkularer Welt, Gütersloh 2016, 14.

lerdings bereits hinsichtlich der Ausformulierung des Schöpfungsglaubens ein beachtlicher Pluralismus und damit ein großes Adaptionspotenzial an den jeweiligen Kontext:

„Neben den zwei Schöpfungserzählungen der Genesis (Gen 1–2,4a; 2,4b–3,24), gibt es die weisheitliche Schöpfungserzählung aus den Proverbien 1–9 (14,31), weitere weisheitliche Stellen in Hiob 28,38–42, Kohelet 3,11, den Psalmen (8, 19, 33, 104, 139), prophetische Motive in Jes 40,12–31; Amos 4,13; 5,8 oder Jer 1. Ezechiel 36,26 (vgl. Jer 31,33) erwartet sogar eine Neuschöpfung [...]."[3]

Dem in unterschiedlichen Situationen formulierten Vertrauen auf Gott als Schöpfer kommt heute angesichts der ökologischen Situation große Bedeutung zu. Denn der „Homo oeconomicus" kennt ebenso wenig wie der „Homo simultans" oder auch die „Silver Agers" einen Schöpfer, von dem sie ihr Lebens empfangen und demgegenüber sie auch ihre Lebensführung zu verantworten haben. Sie gehen von der Fiktion der Eigenmächtigkeit des Menschen aus, der seine Mitwelt nach Gutdünken ge- und verbrauchen kann.

Allerdings ist eine lange Tradition unübersehbar, die Glauben zunehmend stärker als Zustimmung zu sog. *Glaubenssätzen* bzw. in Form von *Bekenntnissen* denn als Ausdruck eines lebensbestimmenden Vertrauens verstand. Vor allem im Zuge der Verknüpfung von staatlicher Herrschaft und christlichem Leben bzw. dessen sozialer Form in Gestalt der Kirche(n) setzte sich seit dem 4. Jahrhundert diese Auffassung von Glaube durch. Differenzen über genauere begriffliche Bestimmungen christlichen Glaubens – angefangen von den Auseinandersetzungen mit Gnosis und Arianismus bis hin zur Reformation – verstärkten diese Tendenz. Zwar ist mittlerweile

---

[3] Huizing, Klaas, Lebenslehre. Eine Theologie für das 21. Jahrhundert, Gütersloh 2022, 184.

die Verbindung zwischen Kirche und Staat auch in Deutschland lockerer geworden – es herrscht eine sog. „hinkende Trennung"[4] –, doch ist nicht zuletzt in kirchlichen Rechtstexten der Bezug auf Glaubenssätze bzw. entsprechende Texte nach wie vor verbreitet. So definiert z. B. der Canon 205 des Codex Iuris Canonici für die römisch-katholische Kirche:

„Voll in der Gemeinschaft der katholischen Kirche in dieser Welt stehen jene Getauften, die in ihrem sichtbaren Verbund mit Christus verbunden sind, und zwar durch die Bande des Glaubensbekenntnisses, der Sakramente und der kirchlichen Leitung."

Ähnlich wird in den evangelischen Kirchen etwa bei Ordinationen auf „das Evangelium von Jesus Christus, wie es in der Heiligen Schrift gegeben und im Bekenntnis unserer evangelisch-lutherischen Kirche bezeugt ist"[5], o. Ä. verwiesen. Auch im sonntäglichen sog. Hauptgottesdienst begegnet in der Regel das Apostolische Glaubensbekenntnis. Es wurde bereits darauf hingewiesen, dass darin enthaltene Sätze zur angeblichen Jungfrauengeburt Jesu, seiner Niederfahrt in das „Reich des Todes" und seiner zu erwartenden Richtertätigkeit für die große Mehrheit der Menschen nicht (mehr) nachvollziehbar sind. Ähnliches dürfte wohl für den im dritten Artikel des Apostolicums bekannten „Glauben an die heilige christliche Kirche" gelten. Dagegen kommt das heute so wichtige Bekenntnis zu Gott als Schöpfer nur eingangs sehr knapp formuliert vor.

Inhaltlich ging mit der Fixierung der christlichen Lebensform auf Bekenntnissätze eine *Christologisierung des Glaubensverständnisses* einher. Sie wäre jedenfalls nach den Erin-

---

[4] So erstmals Stutz, Ulrich, Die päpstliche Diplomatie unter Leo XIII. nach den Denkwürdigkeiten des Kardinals Domenico Ferrate, Berlin 1926, 54.

[5] Laut meiner Ordinationsurkunde der Evangelisch-Lutherischen Kirche in Bayern von 1980.

nerungen an den Wanderprediger und Weisheitslehrer Jesus im Neuen Testament diesem fremd gewesen (s. I.1.). Schon ab dem 2. Jahrhundert wurde „Christus" als „Herr" verehrt, was theologisch seinen Niederschlag in der Trinitätslehre fand. Dass diese Vergöttlichung Jesu in Widerspruch etwa dazu stand, dass jener die Taufe zur Vergebung der Sünden von Johannes begehrt und empfangen hatte, wurde offenkundig übergangen. Mit den christologischen Formeln entstand zum einen – positiv formuliert – ein für antike und dann auch mittelalterliche Menschen nachvollziehbarer Glauben. Zugleich wurden damit zum anderen – als Schattenseite – Menschen exkludiert, die sich solchen Bekenntnissen nicht anschließen konnten. Ein Beispiel hierfür ist der lange Streit um das Calcedonense.[6] Der Jesu Wirken auszeichnende Inklusivismus trat zurück bzw. wurde zerstört.

Schließlich besteht der *Katechismus,* der lange Zeit die Erziehung der jungen Generation (mit)prägte, aus Glaubenssätzen. Vor allem in den evangelischen Kirchen dominierte diese lehrhafte Ausgestaltung der christlichen Lebensform bis ins 20. Jahrhunderte. Noch 1967 musste ich im sog. Präparandenunterricht weite Passagen hieraus memorieren. Die ebenfalls für die Kommunikation des Evangeliums grundlegenden Modi des gemeinschaftlichen Feierns und Helfens zum Leben traten demgegenüber zurück. Sogar die seit Beginn christlicher Gemeinschaften zentrale Form des gemeinsamen Essens und Trinkens wurde durch die Reduktion auf eine Oblate und, wenn überhaupt, einen Schluck Wein so domestiziert, dass ihr Zusammenhang mit Gott als Schöpfer und damit Geber unserer Nahrung nur noch theologisch Gebildeten er-

---

[6] S. Khorchide, Mouhanad/v. Stosch, Klaus, Der andere Prophet. Jesus im Koran, Freiburg 2018, 19–45.

kennbar war und ist. Erst in der Mitte des 19. Jahrhunderts entdeckten Theologen wie Johann Wichern die diakonische Dimension wieder als zentral für die christliche Lebensform.[7]

Die praktische Handlung, die den Geschenkcharakter des Lebens am deutlichsten zum Ausdruck bringt und erfahren lässt, ist das *Segnen bzw. Gesegnet-Werden*. Sie vollzieht sich in einem Dreieck: zwischen dem Segensspender Gott, dem/ der Segnenden und dem/der Gesegneten. Dabei begegnen sich Segnende/r und Gesegnete/r eventuell sogar durch Handauflegung leiblich. Der Segensspender, Gott, wird dagegen in einer zwischen Jussiv („soll") und Optativ („möge") oszillierenden Sprachform herbeigerufen. Damit kommt zum Ausdruck, dass die Zuwendung Gottes zum Menschen die Grundlage jeder Kommunikation mit ihm ist, er sie aber verheißen hat.

Angesichts der konstatierten Defizite bei der Lebensform des „Homo oeconomicus", des „Homo simultans" sowie der „Silver Agers" verwundert es nicht, dass „Segen" heute Hochkonjunktur zu haben scheint.[8]

„Einerseits lockert sich die kirchliche Bindung vieler Menschen. Andererseits wächst die Sehnsucht nach Kraftquellen angesichts der vielfältigen beruflichen und persönlichen Beanspruchung mit dem Gefühl der Überforderung. Außerdem macht sich mit dem Wunsch nach Segenshandlungen ein neues Verlangen nach intensiven persönlichen Erfahrungen bemerkbar, das etwas von der Nähe Gottes leibhaftig spüren, körperlich fühlen und sinnlich erleben möchte."[9]

---

[7] S. Beyreuther, Erich, Geschichte der Diakonie und Inneren Mission in der Neuzeit, Berlin 1962, 88–125.

[8] S. Frettlöh, Magdalene, Theologie des Segens. Biblische und dogmatische Wahrnehmungen, Gütersloh 2005⁵, 15 f.

[9] Heckel, Ulrich, Der Segen im Neuen Testament. Begriff, Formeln, Gesten (WUNT 150), Tübingen 2002, 3.

1. Glauben – Segnen als Helfen zum Leben 121

Von daher erklärt sich auch die – trotz gewisser Rückgänge im Einzelnen – hohe Inanspruchnahme der sog. Kasualien.[10] Dazu begegnen gerade bei diesen Segenshandlungen interessante Aufbrüche:

Hier sind Angebote wie die *Drop-In-Taufe* zu nennen. Diese von der dänischen Pfarrerin Mette Gramstrup erstmals 2017 in Kopenhagen initiierte Form der spontanen Taufe – ohne Voranmeldung und sonstigen bürokratischen Aufwand – hat inzwischen auch in Deutschland Nachahmung gefunden. Dabei ist allerdings – wie Gespräche mit so Getauften zeigen – nur die Wahrnehmung des meist im Internet bekanntgegebenen Termins spontan: „die Gedanken dahinter, die Reflexionen, Abwägungen, Suchbewegungen sind so oft schon lange Teil eines Lebens. Manchmal zunächst auch nur als eine zarte Sehnsucht."[11]

Ähnliches wird von sog. *Pop-up-Hochzeiten* berichtet, also ebenfalls spontan zu einem allgemein angebotenen Termin vollzogenen kirchlichen Trauungen – oder vielleicht besser: Paar-Segnungen. Bei der Auswertung eines entsprechenden, vom Berliner Segensbüro organisierten „Festivals" ergab sich nämlich: „Wie oft die normale Reihenfolge – erst das Standesamt und dann die kirchliche Hochzeit – nicht mehr stimmt."[12] Dies bestätigt sich auch in Hamburg, wo nur etwa ein Viertel der so gesegneten Paare standesamtlich verheiratet war. Die

---

[10] S. zum Einzelnen Evangelische Kirche in Deutschland, Die Äußerungen des kirchlichen Lebens im Jahr 2022, Juni 2024 (www.ekd.de/ds_doc/statistikflyer_kurz, abgerufen am 04.07.2024).

[11] Barnahl, Meike, Ohne viel Tamtam. Die Drop-In-Taufe, in: Handke, Emilia / Barnahl, Meike, Dein Leben, dein Moment. Rituale neu entdecken und individuell gestalten, München 2023, 43–48, 47.

[12] Barnahl, Meike, Hochzeit. Über ein Ritual, das so bunt ist wie die Liebe selbst, in: Handke, Emilia / Barnahl, Meike, Dein Leben, dein Moment. Rituale neu entdecken und individuell gestalten, München 2023, 105–112, 109.

mitverantwortliche Pfarrerin Meike Barnahl vermutet: „Aber der Wunsch nach einem Vergewisserungsritual für die Liebe und das gemeinsame Leben ist auch bei vielen Menschen da, für die – aus den unterschiedlichsten Gründen – eine standesamtlich geschlossene Ehe nicht in Frage kommt, die aber ganz genauso partnerschaftlich in Liebe und Verantwortung füreinander gemeinsam durchs Leben gehen."[13] Offenkundig wird hier die im Segen ausgedrückte Zuwendung (Gottes) begehrt – jenseits traditioneller Vorstellungen.

Dazu finden *Segensfeiern*[14] in ostdeutschen Kirchen statt, die an die Stelle der in der DDR staatlich propagierten Jugendweihe treten.[15] Initiiert 1997 durch den damaligen Erfurter Domkapitular Reinhard Hauke wenden sie sich gezielt an ungetaufte Jugendliche, wobei meist kirchliche Schulen den Ausgangspunkt bilden. Im Bewusstsein der Jugendlichen[16] und ihrer Eltern[17] werden diese Segensfeiern je nach Biografie zwischen Jugendweihe und Konfirmation verortet, wobei die Segnung der einzelnen Jugendlichen beeindruckt.

Charakteristisch für diese exemplarisch genannten Aufbrüche im Bereich des Segnens ist das Zurücktreten bzw. das

---

[13] A.a.O. 110.

[14] Zu den recht verschiedenen Bezeichnungen hierfür s. die Zusammenstellung bei Handke, Emilia, „Hier riecht's kirchlich!" Rituale für Konfessionslose als Alternative zur Jugendweihe, in: Domsgen. Michael/Höhn-Norden, Katharina (Hg.), Perspektivverschiebungen im religiösen Feld. Lernprozesse angesichts zunehmender Konfessionslosigkeit (APrTh 91), Leipzig 2024, 210–221, 214.

[15] S. ausführlich Handke, Emilia, Religiöse Jugendfeiern »zwischen Kirche und anderer Welt«. Eine historische, systematische und empirische Studie über kirchlich (mit)verantwortete Alternativen zur Jugendweihe (APrTh 65), Leipzig 2016, zur aktuellen Entwicklung s. Handke, „Hier riecht's kirchlich".

[16] S. Handke, Jugendfeiern 341–392.

[17] S.a.a.O. 281–339.

Fehlen überkommener, allgemein formulierter Glaubensaussagen. An deren Stelle treten die biografisch gewonnenen Einsichten der die Segnung Begehrenden oder auch deren Fragen, die im Segen bzw. in dem ihn umgebenden Ritual aufgenommen und weitergeführt werden.

Ähnliches lässt sich ebenfalls bei seit den sechziger Jahren des 20. Jahrhunderts praktizierten sog. *„alternativen Gottesdiensten"* beobachten. Lutz Friedrichs fasst entsprechende Analysen und die daraus gewonnenen Einsichten zusammen: „Alternative Gottesdienste sind nicht auf Gemeinde, Bekenntnis und Konfession ausgerichtet, sondern auf Sinnsuche, Orientierung und offener Formen der Gemeinschaft. Sie lassen sich als liturgisches Orientierungsangebot im Zeitalter von Pluralisierung und Individualisierung verstehen."[18]

Schließlich erweitert sich gerade auf dem Feld der Segenshandlungen das Spektrum auch außerhalb des kirchlich Organisierten durch sog. *Freie Rituale*. Hier agieren sog. freie Ritualbegleiter/innen, also „Personen, die unabhängig von einer religiösen oder staatlichen Institution die Entwicklung, Gestaltung und Begleitung von individuellen Feiern und Ritualen anbieten."[19] Allerdings haben nicht wenige von ihnen Theologie studiert.[20] Sie organisieren und leiten mittlerweile nicht mehr nur Bestattungen, sondern auch Begrüßungsfeiern für Neugeborene oder Rituale anlässlich einer Eheschließung. Teresa Schweighofer, die in Österreich diese Personengruppe untersuchte, sieht in ihnen „spirituelle Wanderer".

---

[18] Friedrichs, Lutz, Praktisch-theologische Einleitung, in: Ders. (Hg.), Alternative Gottesdienste (gemeinsam gottesdienst gestalten 7), Hannover 2007, 9–32, 9.

[19] Schweighofer, Teresa, Das Leben deuten. Eine praktisch-theologische Studie zu Freier Ritualbegleitung (S.Th.P.S. 109), Würzburg 2019, 17.

[20] A.a.O. 105 f.

„Charakteristisch für die Spiritualität des ‚Wanderers' sind drei Grundüberzeugungen: a) das Bild der ‚vielen Wege', die zur Wahrheit führen, und die damit verbundenen Konvergenzvorstellungen, b) der Anspruch auf die soziale Deutungshoheit über seine Spiritualität, und c) die Annahme eines dem Menschen positiv und unbedingt zugewandten Absoluten."[21]

Allerdings unterbleiben bei solchen sog. freien Ritualen oft explizit segnende Handlungen. Manchmal werden sie von Familienangehörigen bzw. Freundinnen / Freunden vollzogen.

Deutlich tritt bei den genannten Beispielen hervor, dass Segnen und Gesegnet-Werden an Übergängen im Lebenslauf auch heute für viele Menschen von großer Bedeutung sind. Dabei ist der Bezug zum herkömmlichen, kirchlich vermittelten Gottesverständnis unterschiedlich ausgeprägt. Analog zur Analyse alternativer Gottesdienste kann man hier vielleicht – mit Lutz Friedrichs – von einem „*Orientierungsangebot im Zeitalter von Pluralisierung und Individualisierung*" sprechen.

Nur wenig scheint das *Segnen im Alltag,* besonders auch der Familien, präsent, wo diese Kommunikationsform ursprünglich angesiedelt war. Dies dürfte wohl auch darin begründet sein, dass die Segenshandlung im Zuge der allgemeinen Klerikalisierung der christlichen Lebensform lange Zeit als den Priestern bzw. Pfarrern vorbehalten galt.

Von daher möchte ich anregen, etwa in der *Konfirmandenarbeit* oder auch im *schulischen Religionsunterricht* Heranwachsenden zumindest die Befähigung zum Segnen zu vermitteln. Dazu gehörte aber nicht nur die Beschäftigung mit biblischen Segenstexten sowie die Einführung in Segens-

---

[21] A.a.O. 112, unter Bezug auf Gebhardt, Winfried, Der ‚spirituelle Wanderer' als Idealtypus spätmoderner Religiosität, in: Euangel 1–2014.

gesten. Vielmehr geht es dabei um eine Hinführung zum Vertrauen auf den Schöpfer. Dazu sind Ruhe und Konzentration erforderlich. Nur so können Resonanzerfahrungen entstehen, die für die Einsicht in den Gabencharakter von Erde und Leben grundlegend sind. Nach der in II. skizzierten Lebensform-Analyse ist damit auch eine kritische Auseinandersetzung mit den Lebensformen von „Homo oeconomicus" und „Homo simultans" verbunden.

Inhaltlich ähnliche Bildungsangebote legen sich auch für Erwachsene nahe und profilieren bereits mancherorts angebotene Glaubenskurse u.Ä. neu. Soziale Formen wie Wochenend-Seminare oder sog. Rüstzeiten bieten sich hierfür besonders an.

2. Kirche – gemeinsames Essen und Trinken

Bereits eingangs wurde kurz auf den erheblichen Ansehensverlust verfasster Kirchen in Deutschland hingewiesen. Hier sind nicht nur die seit Jahrzehnten hohen Austrittszahlen in beiden großen Kirchen zu nennen (s. Einführung). Auch das Ansehen der Pfarrer/innen sinkt im letzten Jahrzehnt. Während 1991 bei dem Votum „Vor diesen Berufen habe ich am meisten Achtung" 38 % „Pfarrer nannten", waren dies 2013 lediglich 29 %.[22] Exemplarisch kann die Divergenz zwischen amtskirchlicher Position und tatsächlicher Einstellung der Mitglieder (und ehemaliger Mitglieder) am *Beispiel der Kirchensteuer* gezeigt werden.[23]

---

[22] IfD Allensbach, Allensbacher Kurzbericht. Allensbacher Berufsprestige-Skala 2013, 20. August 2013, 5 (Schaubild 3).
[23] S. zum Folgenden ausführlicher Grethlein, Christian, Umprofilierung von Kirche. Überlegungen zum anstehenden Transformationspro-

Empirisch ergab bereits die 1. EKD-Mitgliedschaftsumfrage, die 1972 durchgeführt wurde: Kirchensteuer ist ein Auslaufmodell. Damals wurde eine repräsentative Stichprobe von 2.000 Mitgliedern deutscher evangelischer Landeskirchen ab 14 Jahren befragt, u. a. zur Kirchensteuer: „Heute wird die Kirchensteuer mit der Lohn- bzw. der Einkommensteuer einbehalten. Es gäbe auch die Möglichkeit, daß sich die evangelische Kirche statt dessen durch freiwillige Zahlungen ihrer Mitglieder finanziert. Was erscheint Ihnen richtig? Kirchensteuer wie bisher oder freiwillige Zahlungen?" 47 %, also eine Minderheit, votierten für „Kirchensteuer wie bisher"; 52 %, also die Mehrheit, für „freiwillige Zahlungen"; 1 % machte „keine Angaben".[24]

Der EKD-Berichtsband zu dieser Umfrage kommentierte hierzu – aus heutiger Sicht erstaunlich selbstkritisch: „Die Parallelität, in die die Kirche mit dem Staat tritt, indem sie auch ‚Steuern' nimmt, ist an sich schon anstößig, und der Steuerärger, den man dem Staat gegenüber empfindet, überträgt sich auch auf die Kirche. Das problematische Einzugsverfahren (samt dem an die Lohn- und Einkommensteuer gekoppelten Berechnungsmodus) fällt zusätzlich ins Gewicht. Dazu kommt ein ganzes Bündel von eher moralischen Problemen. Das Verhältnis ‚Kirche und Geld' ist für die Mitglieder ungeklärt […]. Es gibt Vorwürfe der mangelnden Transparenz, der Ineffizienz, der Ungreifbarkeit vieler kirchlicher Leistungen."[25]

Seither sind fünfzig Jahre vergangen. Die Kirchensteuer ist nach wie vor das wichtigste Finanzinstrument der evangelischen Landeskirchen (und der römisch-katholischen Diöze-

---

zess der Kirche, in: Evangelische Stimmen. Zeitfragen und Kirche in Norddeutschland September 2024, 13–19.

[24] S. Hild, Helmut, Wie stabil ist die Kirche? Bestand und Erneuerung, Gelnhausen 1974, 97.

[25] A. a. O. 96 f.

sen) in Deutschland.²⁶ Allerdings kommt zunehmend der Zusammenhang von Kirchensteuer und Kirchenaustritt in den Blick. Vor allem bei jüngeren Menschen scheinen Kirchensteuer und Kirchenaustritt eng miteinander verbunden.²⁷ So wird bei einer Auswertung einer entsprechenden Befragung konstatiert: „Insgesamt erweist sich die erstmalige Zahlung der Kirchensteuer als ein entscheidender Punkt, der zum Nachdenken (sc. über den Kirchenaustritt, C.G.) anregt."²⁸ Die dabei leitende Abo-Logik formulierte – wie bereits zitiert (s. Einführung) – ein junger Erwachsener anschaulich bei einer Befragung. So verwundert es nicht, dass vor allem Menschen im Alter zwischen 25 und 35 Jahren aus der Kirche austreten.²⁹

Theologisch gravierend erscheint die weitgehende Abstinenz der meisten Kirchenmitglieder vom *Abendmahl* bzw. der Eucharistie. Den Kontext dazu bildet eine verbreitete, in den beiden letzten Jahrzehnten forciert voranschreitende Entfremdung der meisten Kirchenmitglieder vom kirchlichen Gottesdienst.

---

²⁶ S. hierzu kritisch Grethlein, Christian, Kirchensteuer im Transformationsprozess heutiger evangelischer Landeskirchen in Deutschland, in: KuR 22 (2016), 188–195.
²⁷ S. die entsprechende Grafik bei Peters, Fabian/Gutmann, David/Kendel, André/Faix, Tobias/Riegel, Ulrich, Mitgliederorientierung als Zukunftsaufgabe von Kirche, in: Dies. (Hg.), Kirche – ja bitte. Innovative Modelle und strategische Perspektiven von gelungener Mitgliederorientierung, Neukirchen-Vluyn 2020², 14–28, 19.
²⁸ Ebertz, Michael/Eberhardt, Monika/Lang, Anna, Kirchenaustritt als Prozess: Gehen oder bleiben? Eine empirisch gewonnene Typologie (KirchenZukunft konkret 7), Berlin 2012, 171.
²⁹ S. Thieme, Sophie, Reformvorschläge der Kirchensteuer in der Evangelischen Kirche in Deutschland, Göttingen 2022 (Göttinger Universitätsdrucke), 22.

IV. Aktuelle Formen von Glauben, Kirche und Religion

„In der 4. KMU (sc. Kirchenmitgliedschaftsuntersuchung, C.G.) von 2002 hatten 33 % der Evangelischen in Westdeutschland und 53 % der Evangelischen in Ostdeutschland angegeben, dass es zum Evangelisch-Sein dazugehöre, zur Kirche zu gehen. 2022 haben in der 6. KMU auf die leicht abgewandelte Frage, ob es zum Christsein dazugehöre, in die Kirche zu gehen, 11 % der Evangelischen im Westen diese Frage bejaht, im Osten 19 %. Ähnlich stellt sich der Befund für die Katholischen im Jahr 2022 dar: im Westen geben 15 % an, dass der Kirchgang zum Christsein dazugehöre, im Osten sind es 27 %. […] Für wenige Menschen hat der Kirchgang im Blick auf das gelebte Christsein eine wichtige Bedeutung."[30]

Eine jedenfalls im Selbstverständnis der verfassten Kirchen grundlegende Sozialform – vom preußischen König Friedrich Wilhelm III. als „Hauptgottesdienst" bezeichnet[31] – hat sich damit zu einer lediglich eine kleine Minderheit der Kirchenmitglieder interessierenden Veranstaltung gewandelt. Theologisch, also in der Perspektive des Auftretens, Wirkens und Geschicks Jesu ist bedenklicher, dass nur wenige Menschen mittlerweile am Abendmahl teilnehmen. 76 % der in der VI. Kirchenmitgliedschaftsumfrage 2022 Befragten gaben an, „dass das Abendmahl für sie nicht unbedingt zum Christsein dazugehört."[32] Dies steht aber zweifellos dem Wirken Jesu entgegen, in dem gemeinsames Essen und Trinken eine wichtige Kommunikationsform war, um den Anbruch der Gottesherrschaft zu erleben. Von daher ist zu fragen, warum das Abendmahl heute nur so wenig interessiert und was vielleicht

---

[30] Evangelische Kirche in Deutschland, Kirche 62 f.
[31] S. zur Begriffsgeschichte Schulz, Frieder, Was ist ein Hauptgottesdienst? (1981), in: Ders., Synaxis. Beiträge zur Liturgik, hg. v. Schwinge, Gerhard, Göttingen 1997, 123–133.
[32] Hörsch, Daniel, Der Wandel von Kirchgang und Gottesdienstformen, in: Evangelisches Werk für Diakonie und Entwicklung e.V. (Hg.), Zukunft ist jetzt! Hoffnungszeichen im Licht der 6. Kirchenmitgliedschaftsuntersuchung (KMU), o.O. o.J. (2024), 67–80,76.

getan werden kann – bzw. mancherorts bereits getan wird –, um das zu ändern und Menschen diese von Beginn an konstitutive Ausdrucksweise der christlichen Lebensform nahezubringen.

Historisch wird man einräumen müssen – wie bereits in I.2 und I.3 ausgeführt –, dass die priesterlich-hierarchische Domestizierung der Mahlgemeinschaft bei gleichzeitiger Abspaltung vom Sättigungsmahl grundlegende Inhalte von Jesu Mahlgemeinschaften in den Hintergrund treten bzw. verlieren ließ. Doch beinhaltet das Mahlfeiern in der Tradition Jesu wichtige Impulse für die christliche Lebensform im Gegensatz zu heute Üblichem.

Sehr eindrücklich hat der viele Jahre in Rostock wirkende Liturgiewissenschaftler Karl-Heinrich Bieritz auf den Zusammenhang bzw. besser: Widerspruch zwischen „Eucharistie und Lebensstil"[33] hingewiesen. Heute ist für viele Menschen der rasche Verzehr von sog. *Fast Food* üblich. Diese Speisen werden, wie der Name bereits besagt, für den raschen Konsum produziert. Dabei sind die ursprüngliche Gestalt und Substanz der dem Fast Food zu Grunde liegenden Lebensmittel bis zur Unkenntlichkeit überformt. Meist vollzieht sich das Essen von Fast Food „by the way" (nebenbei), häufig durch Einzelne – etwa auf der Straße, an einem Schreibtisch, vor dem Smartphone, dem Fernseher o.ä. Jede/r hat, auch wenn etwa Jugendliche gemeinsam in einer entsprechenden Imbiss-Kette essen, seine abgepackte Portion separiert vor sich. Angesichts der Flexibilisierung von Arbeitszeiten aber auch der zeitlichen Ausdehnung von Schule werden zunehmend

---

[33] Bieritz, Karl-Heinrich, Eucharistie und Lebensstil, in: Ders., Zeichen setzen. Beiträge zu Gottesdienst und Predigt, Stuttgart 1995, 218–233.

Mahlzeiten fastfood-artig zubereitet, etwa durch das Auftauen von Tiefgefrorenem. Dass es sich bei den dazu verwendeten Stoffen um Schöpfungsgaben handelt, erschließt sich, wenn überhaupt, nur einer vertieften Reflexion.

Solchen Essensgewohnheiten steht der *Gemeinschaftscharakter des Mahl-Feierns* entgegen. Hierfür ist das Teilen als Ausdruck von geschwisterlicher Gemeinschaft grundlegend. Allerdings ist dies in verbreiteten Kommunionformen heute eher verborgen. Die Hostien reihen sich gut in die Fast Food-Gestalt ein. Bei ihnen sind ebenfalls, wenn auch aus anderen Gründen, die zu Grunde liegenden Naturalien nicht mehr zu identifizieren. Und der Gemeinschaftskelch stößt zunehmend auf Ablehnung wegen hygienischer Bedenken. Dabei muss angemerkt werden, dass bei den Mahlzeiten Jesu die Teilnehmenden sehr wohl eigene Becher hatten, in die aus einem gemeinsamen Krug eingeschenkt wurde. Die heutige Sitte der „Intinctio", die an dem aus dem Mittelalter überkommenen Gemeinschaftskelch festhält und zugleich modernem Hygiene-Empfinden Rechnung trägt, ist durchaus problematisch. Nach sonst geltenden Regeln unserer Kultur ist das Eintunken fester Speise in Flüssigkeit schlicht Ausdruck schlechter Manieren. Deutlich begegnet schon hier das Problem, dass sich die gegenwärtig praktizierte Feier des sog. Heiligen Abendmahls bzw. der Eucharistie vollständig von sonst üblichen Formen gemeinschaftlichen Essens und Trinkens entfernt hat.

Vielleicht noch gravierender ist die Hast, in der sich das Essen von Fast Food meist vollzieht. Bieritz beobachtet: „In allen ihren Bezügen ist Fastfood-Kultur ganz und gar der Gegenwart, dem Augenblick, dem raschen Verbrauch verhaftet; Vergangenheit und Zukunft, Gedächtnis und Hoffnung haben im Grunde keinen Platz in ihr."[34] Oder theologisch – vor dem

---

[34] A.a.O. 221.

damals aktuellen Hintergrund von Erfahrungen mit der Einführung von Coca-Cola nach der Wende in Leipzig – formuliert: „Im Dunstkreis der neuen, glückverheißenden Götterbilder ist weder Zeit noch Raum für ein heiliges Essen, ein Mahl, dessen Heiligkeit sich eben darin zeigt, daß es diese Welt und ihre Früchte mit denen teilt, die vor uns waren und die nach uns kommen werden."[35] Es ist fast überflüssig, darauf hinzuweisen, dass solche schnellen, „verbrauchenden" Mahlzeiten auch keinen Raum mehr für Dank (griech.: Eucharistia) haben. Der rapide Rückgang des Tischgebets in den letzten Jahrzehnten[36] ist nicht nur Ausdruck schwindenden kirchlichen Einflusses, sondern spiegelt auch eine neue Esskultur wider, die einfach keine Zeit mehr für das Danken aufbringt.

Mahl-Feiern erfordert demgegenüber Zeit. Hier versammeln sich Menschen, die sich durch Jesu Auftreten, Wirken und Geschick angesprochen fühlen – nach Einsicht alter Liturgien also auch die schon Verstorbenen und die nach uns Kommenden, noch nicht Geborenen. Offenkundig handelt es sich dabei um eine *Auszeit* jenseits der sonst unser Leben bestimmenden linearen Zeit. Theologisch formuliert: das Mahl-Feiern umfasst eine eschatologische Dimension. Aber: Kann dies in einer auf Beschleunigung innerhalb der linearen Zeit fixierten Gesellschaft zur Darstellung kommen, in der Vergangenheit und Zukunft immer stärker von der Gegenwart aufgesogen werden? Wie ist die Verbundenheit mit den Verstorbenen und dann wohl auch mit den nach uns Lebenden im gemeinsamen Essen und Trinken darzustellen? Zeigen nicht Klagen von Gemeindegliedern, das Abendmahl

---

[35] A.a.O. 221.
[36] Zu den genauen Daten s. Noelle-Neumann, Elisabeth/Piel, Edgar (Hg.), Allensbacher Jahrbuch der Demoskopie 1978–1983, München 1983, 121.

habe zu „lange" gedauert, dass in der Feiergestalt häufig die lineare die eschatologische Zeitdimension verdrängt?

Mittlerweile sind neue Aufbrüche zu beobachten, in denen der jesuanische Impuls des gemeinsam Mahlfeierns wieder aufgenommen wird. Beispielhaft seien drei aktuelle Formen des Mahl-Feierns genannt, die mich sehr beeindruckt haben:

Zuerst breche ich nach London auf, in die *St. Martin's on the Field-Gemeinde* am Trafalgar Square. Ich nahm dort vor etlichen Jahren an einer High-Church-Messe teil. Die Pfarrerin in prächtigem Ornat hatte soeben eine flammende Predigt über „justice" gehalten, bei der die damalige englische Regierung nicht gut wegkam. Dabei war, im hinteren Teil der Kirche sitzend, mein Blick immer wieder erstaunt durch die Reihen vor mir geschweift. War die merkwürdige Zusammensetzung der Gottesdienstgemeinde schon ein Resultat solcher Predigten? Neben offenkundig wohlhabenden Briten saßen zahlreiche dunkelhäutige Menschen mit teilweise abgerissener Kleidung. So richtig deutlich wurde mir der Zusammenhang erst, als unmittelbar nach der Eucharistiefeier die Kirchentüren geöffnet wurden und vor dem Portal eine große Küche aufgebaut war, zu der jetzt die Menschen strömten, um gemeinsam zu essen und zu trinken. Hier wurde mir etwas von dem Gewinn für die Mahlfeier deutlich, wenn diese auch die diakonische Dimension umfasst und inklusiv gestaltet wird.

Ganz ähnlich erlebte ich die Situation in manchen sog. *Vesperkirchen*.

„Vesper-kirche bedeutet, eine ganz gewöhnliche Kirche für einen bestimmten Zeitraum im Jahr angenehm zu heizen, Tische hereinzubringen und wem es auch immer gefällt und wer es auch immer braucht, zu einem echten Essen, Gemeinschaft, Teilhabe und Spiritualität einzuladen. Die gleichermaßen offene, wie auch auf Solidari-

2. Kirche – gemeinsames Essen und Trinken 133

tät zielende Einladung an die Gäste, lässt sich auf folgenden Nenner bringen: ‚Ab 1 EURO kann jeder mitessen und wer mehr Geld hat, kann mehr bezahlen oder andere Gäste mitfinanzieren.'"[37]

Vor allem Obdachlose nehmen das Angebot der Vesperkirche gern an. Diese Kirchen bieten ihnen eine Bleibe. Arme können dort essen, werden medizinisch betreut, sozialpsychologisch beraten usw. Die Mahlzeiten nehmen den Impuls von „Jesu offenen Mahlzeiten"[38] auf. Pfarrer/innen berichten, dass sich durch die Anwesenheit offenkundig armer Menschen am Sonntagmorgen die Atmosphäre im Gottesdienst und bei der Mahlfeier verändert. Jetzt gehen auch Personen nach vorn, die nicht gut riechen und die satt werden wollen.

Schließlich ein kurzer Rückblick auf eine Reise, die mich vor einigen Jahren nach *Südkorea* führte. Frühere Doktoranden von mir hatten mich zu Vorträgen eingeladen. Auch durfte ich in zwei Gemeinden am Sonntag predigen. Als ich in die erste Gemeinde kam, fiel mir bereits die Aufteilung dieses vierstöckigen Hauses auf. Im Erdgeschoss waren die Räume der KiTa angesiedelt, darüber öffnete ein großer Gottesdienstraum seine Tore. Im dritten und vierten Stock waren Büros von Gemeindemitarbeitern und Angehörigen verschiedener kirchlicher und diakonischer Aktionen. Das Interessanteste war für mich jedoch das Untergeschoss. Hier war ein großes Gemeinde-Restaurant untergebracht. Wochentags aßen hier die Kinder aus der KiTa. Sonntags ging die Gemeinde geschlossen nach dem Gottesdienst dort zum gemeinsamen Essen. Im Gemeindebeitrag waren die dafür fälligen

---

[37] Dorner, Martin, Abendmahl in Vesperkirchen – eine Wiederentdeckung der offenen Mahlzeiten Jesu, in: Arnold, Jochen/Fröchtling, Drea/Kunz, Ralph/Schliephake, Dirk (Hg.), Alle sind eingeladen. Abendmahl inklusiv denken und feiern (gemeinsam gottesdienst gestalten 12), Leipzig 2021, 105–114, 105.
[38] A.a.O. 111.

Kosten inkludiert. Besonders interessant war für mich die ekklesiologische Logik dahinter. Die Größe dieses Restaurants entschied darüber, ob die Gemeinde geteilt werden musste. Denn es war für meine koreanischen Gastgeber selbstverständlich, dass die, die zu einer Gemeinde gehören, auch in einem Raum essen und trinken. Die Teilnahme am gemeinsamen Essen und Trinken war hier das Kriterium für die Einteilung einer Gemeinde.

Ich will diese drei Erfahrungen nicht hochstilisieren. An alle drei kann man auch kritische Anfragen stellen: Warum findet z. B. das Essen in St. Martin's in the Field außerhalb des Kirchenraums statt und ist dadurch doch räumlich von der Eucharistie getrennt? Warum gibt es die Vesperkirchen nur in den Wintermonaten? Und schließlich spielt in der genannten presbyterianischen Gemeinde in Seoul die liturgische Mahlfeier nur eine geringe Rolle. Trotzdem machen sie auf zwei m. E. zentrale Themen aufmerksam, die bei einer Reform des Mahlfeierns zu beachten sind: Es zeigt sich die *diakonische Dimension des Mahlfeierns,* die bei den ersten Christen wichtiger war als die heute in vielen Kirchengemeinde dominante kultische. Dazu tritt hervor, dass *gemeinsames Essen und Trinken* ein wichtiger Teil einer Gemeinschaft ist, die eine bestimmte, nämlich die christliche Lebensform verkörpert.

Begünstigt werden solche und ähnliche Aufbrüche durch eine allgemeine Strömung in heutiger Kultur, die sich deutlich vom „Fast Food" absetzt und „*Schön Essen*" ermöglichen will. Eine nicht unbeträchtliche Zahl von Menschen ist – im Gegensatz zum gerade Beschriebenen – bereit, dafür erheblich Geld und Zeit zu investieren – entweder in gehobenen Restaurants oder am ambitioniert gestalteten eigenen Herd. Publizistisch findet das seinen Niederschlag im Boom von Kochsendungen im Fernsehen bzw. in Social Media und entsprechenden Kochbüchern bzw. Web-Sites mit ausführlichen Rezeptvorschlägen.

Diese Entwicklung markiert deutlich das Unbehagen am Fast Food. Es ist offensichtlich – zumindest bei manchen Menschen – das Bewusstsein vorhanden, dass Gemeinschaft mit anderen Menschen sowie nicht eng limitierte Zeit wichtige Voraussetzungen für ein genussvolles Mahl sind. Der Rückgriff auf regionale Produkte eröffnet zumindest potenziell einen Anschluss an den christlichen Schöpfungsglauben. Nicht selten spielen ethische Reflexionen, etwa hinsichtlich des Fleischkonsums, eine Rolle. Doch steht auch diese Entwicklung jedenfalls teilweise in Spannung zur Sinngestalt des Mahl-Feierns. Oft sind die Speisen nicht elementar, sondern hochgradig verfeinert. Dazu setzen solche Mahlzeiten materiellen Wohlstand voraus. Ökonomische Prosperität ist Bedingung für den Besuch entsprechender Restaurants oder die Einrichtung einer ambitionierten Küche. Schon die ersten Auseinandersetzungen um die Mahlzeiten der Christen in Korinth dokumentieren, wie gefährdet das Abendmahl Feiern durch ökonomische Unterschiede zwischen den Teilnehmenden ist (1Kor 11, 17–22). Von daher zeigt der Trend zum „Schön Essen" eher die Problematik der Fast Food-Kultur auf, als dass er schon direkt Hinweise zu einer der christlichen Lebensform angemesseneren Mahlpraxis gibt. Vielmehr werden sich die das Mahl Feiernden wohl eine eigene Feierkultur schaffen müssen, in der die Begriffe Auszeit, solidarische Gemeinschaft, einander Helfen und Elementarität der Nahrungsmittel auf wesentliche Dimensionen der Sinngestalt von Jesu Mahlgemeinschaften hinweisen.

Schließlich möchte ich noch auf eine neue Form der Mahlgemeinschaft hinweisen, die sich in skandinavischen Gemeinden mit vielen jungen Familien entwickelte. In ihnen sind alltägliche Notwendigkeiten junger Familien und Empfangen von Nahrung als Schöpfungsgabe eng miteinander verbunden: die *Spaghetti-Gottesdienste*.[39] Sie sind unkompliziert und ersparen den Familien die Mühe des Kochens. Diese Gottesdienste finden manchmal am späten Vormittag oder Nachmittag bzw. frühen Abend statt, eben zur Zeit einer Familienmahlzeit. Dabei öffnen sich die Familien im gemeinsamen Essen füreinander. Vorher geht eine liturgische Feier, in der Dank für Gottes Schöpfungsgaben, aber auch die Fürbitte für Menschen, die nicht satt werden, sowie die Erinnerung an Jesu Mahlzeiten im Mittelpunkt stehen.

Jesus war oft und gern bei Menschen zu Gast und aß und trank mit ihnen. Dabei waren ihm wohl drei Dinge wichtig:
- der Dank an Gott, dem wir unser Essen und Trinken verdanken;
- die Öffnung der Mahlgemeinschaft für grundsätzlich jeden – auch Zöllner, Sünder und Prostituierte;
- das solidarische Teilen des Essens und Trinkens.

So können Spaghetti-Gottesdienste wichtige Impulse für unsere Abendmahlsfeiern geben. Sie beginnen mit Dank an den Schöpfer; die Einladung zu ihnen ist inklusiv und schließt niemanden aus; Essen und Trinken werden am Tisch miteinander geteilt. Dabei können unsere Kinder eine Form von Gemeinschaft erfahren, die sonst nur selten zu erleben ist. Die Freude über gutes Essen und Trinken gehören zusammen mit dem Dank und der Bitte zu Gott. Jesus selbst war überzeugt, dass in den gemeinsamen Mahlzeiten die anbrechende Gottesherrschaft erfahrbar ist – es lohnt sich also, sich hier auf den Weg zu machen.

---

[39] S. Grethlein, Christian, Abendmahl feiern in Geschichte, Gegenwart und Zukunft, Leipzig 2015, 194 f.

2. Kirche – gemeinsames Essen und Trinken 137

Noch weiter in den *Alltag* führen Erfahrungen von Menschen, die sich anlässlich eines Schreibaufrufs im Vorfeld des Ökumenischen Kirchentags in Berlin 2003 äußerten. Die Impulsfrage war: „Was verbinden Sie mit der Feier von Eucharistie und Abendmahl?"[40] Neben durchaus kritischen Äußerungen – etwa hinsichtlich der „faden Oblate"[41] oder „Blutmetaphorik und der starken Betonung von Schuld und Sühne"[42] – finden sich auch bewegende Berichte wie der folgende:

„[…] Mein vor knapp zwei Jahren an Krebs verstorbener Mann wurde während seiner letzten vier Lebensmonate intravenös ernährt. Bei der Umstellung ermutigte ihn die Ärztin jedoch, deshalb nicht auf jegliches Essen und Trinken zu verzichten, sondern sich zu gönnen, was ihm noch Freude machte und den Körper nicht belaste. Gegen ein Glas Wein am Abend sei z. B. nichts einzuwenden.

Wir machten es uns von da an zur täglichen Gewohnheit, abends noch gemeinsam ein Gläschen Wein zu trinken, manchmal auch noch eine Praline o. Ä. zu genießen. Bei diesen Gelegenheiten konnten wir uns ganz offen zeigen und mit-teilen, über unsere Ängste, Sorgen, Wünsche sprechen, aber auch unsere Beziehung (inkl. aller Schwierigkeiten und Verletzungen in über 25 Jahren Ehe) in einem guten Licht betrachten, und unsere Liebe als ‚end-gültig' erkennen. (‚Das kann uns in Ewigkeit keiner mehr kaputtmachen.')

Im Rückblick erscheint mir dieses ‚Abendritual' als unsere persönliche ‚Abendmahlsgeschichte', die sowohl meinem Mann als auch mir Kraft gegeben hat bzw. gibt für den je eigenen weiteren Weg […]."[43]

---

[40] Das ganze Anschreiben ist abgedruckt in: Sattler, Dorothea / Nüssel, Friederike, Menschenstimmen zu Abendmahl und Eucharistie. Erinnerungen – Anfragen – Erwartungen, Frankfurt 2004, 14 f.
[41] S. die entsprechende Äußerung einer 35jährigen evangelischen Frau a. a. O. 164.
[42] S. die entsprechende Äußerung einer Evangelischen a. a. O. 56.
[43] A. a. O. 125.

Deutlich tritt in diesem Bericht einer Witwe die in höherem Alter häufiger zu beobachtende Kraft „reifer Bewältigungsformen"[44] hervor, die theologisch neue Zugänge zu Tradiertem eröffnen und dem „Immer mehr" der Anti-Aging-Ideologie entgegenstehen.

Gewiss handelt es sich dabei nach traditionell dogmatischen Kriterien um keine Abendmahlsfeier. Doch wird hier der von den Mahlgemeinschaften Jesu von Nazaret ausgehende Impuls in einer schwierigen Situation als Trost aufgenommen.

Ebenfalls direkt mit dem Alltag verbunden sind sog. *„online-communions"*, also durch elektronische Medien vermittelte Mahlfeiern.[45] Schon seit einiger Zeit gibt es Web-Sites für die „do-it-yourself Communion".[46] Doch auch sonst feiern Menschen, die sich an verschiedenen Orten befinden, miteinander Mahlgemeinschaft, indem sie sich per Internet einander zuschalten und zeitgleich Nahrung zu sich nehmen. Oft waren sie früher in einer Gemeinde miteinander verbunden, wurden aber durch Umzug voneinander getrennt und wollen so ihre geistliche Gemeinschaft fortsetzen.

Insgesamt stellt sich für das *Verständnis von „Kirche"* die grundlegende Frage, ob dessen umgangssprachlich übliche Fassung heute noch angemessen sind. Sowohl die in Deutschland herrschende, staatsanaloge Organisationsform als auch die Fassung von Glauben in Sätzen erschließen sich nicht nur zunehmend weniger Menschen, sondern haben auch inhaltlich erheblichen Abstand zum Impuls, der vom Auftreten,

---

[44] S. Wahl, Hans-Werner, Positive Alternspsychologie. Die Stärken der zweiten Lebenshälfte, Weinheim 2024, 48.

[45] S. hierzu genauer Grethlein, Abendmahl 231–233.

[46] S. Mikoski, Gordon, Bringing the Body to the Table, in: Theology Today 67 (2020), 255–259, 256.

Wirken und Geschick Jesu ausging. Dies beginnt bereits bei der auf Karl d.Gr. zurückgehenden parochialen Strukturierung der Kirche. Deren Motiv war – in einer „leeren Welt" – eine flächendeckende pastorale Versorgung und zugleich eine verlässliche Finanzierung von Kirche. So ergaben sich die Grenzen der Parochien, also Pfarreien, „aus dem Zehnten, der [...] von Feld und Vieh erhoben wurde. Dabei war je ein Viertel dieser Einnahmen für den Bischof, den Ortsklerus, das Kirchengebäude sowie die Unterstützung der Armen vorgesehen.[47] Heute sind in Deutschland – in einer „vollen Welt" – in Parochien oft Relationen von einem Pfarrer/einer Pfarrerin zu mehreren tausend sog. Gemeindegliedern die Regel, wobei sich in naher Zukunft dieses Verhältnis auf Grund finanzieller Engpässe sowie Personalknappheit noch weiter verschlechtern wird. Die Differenz zur Gemeinschaft derer, die – nach dem neutestamentlichen Zeugnis – beim Essen und Trinken zusammen waren, ist evident. In Südkorea, wo in der genannten presbyterianischen Gemeinde die Gemeindegröße davon abhing, dass alle Mitglieder in einem Raum gemeinsam essen und trinken können, lernte ich eine andere, den Impuls Jesu aufnehmende Kirchengliederung kennen. Auch sonst sind weltweit – wie etwa ein Blick in die USA zeigt – Relationen von ca. 300 Gemeindegliedern zu einem Pfarrer/einer Pfarrerin üblich.[48]

Pointiert formuliert: Für die Zukunft von Kirche wird man sich überlegen müssen, woran man sich orientiert: An der Organisationsform von Karl d. Gr., die noch in einer „leeren Welt" stattfand, oder an dem Impuls, der von den gemeinsa-

---

[47] S. Angenendt,.Arnold, Geschichte der Religiosität im Mittelalter, Darmstadt 1997, 326.
[48] S. die entsprechende Tabelle in: Dahm, Karl-Wilhelm, Pfarrer/Pfarrerin VI. Statistisch, in: RGG⁴ 6 (2003), 1204–1211, 1211.

men, inklusiven Mahlzeiten ausgeht und allgemein anthropologisch begründet ist. Auf der einen Seite stehen Höhe und Dynamik der Kirchenaustritte sowie die Unzufriedenheit der meisten Kirchenmitglieder mit der Kirchensteuer, auf der anderen Seite die exemplarisch genannten Beispiele von Aufbrüchen hin zu Sättigungsmahlzeiten, Vesperkirchen, Spaghetti-Gottesdiensten sowie familiären Gemeinschaften und online-communions.

Theologisch eröffnen die letztgenannten Mahlformen die Möglichkeit, die für christliche Lebensform grundlegende Dankbarkeit gegenüber dem Schöpfer, der uns die Grundlage für unsere Nahrung schenkt, zu erleben. Dass es dabei zu Distanzierungen gegenüber den Lebensformen „Homo oeconomicus" und „Homo simultans" sowie der „Silver Agers" kommt bzw. kommen wird, zeigt die sowohl individuell-persönliche als auch gesellschaftlich-politische Relevanz dieser Orientierung. Es wird spannend sein, welche – vielleicht neuen – Einsichten für die Formulierung und Gestaltung des Vertrauens auf Gott sich daraus für Menschen in einer „vollen Welt" ergeben.

3. Religion – Beten als Lernprozess

Die Nachfolge Jesu, also der Beginn der christlichen Lebensform, gestaltete sich von Anfang an *plural*. Einige teilten mit ihm das unstete Hin- und Herziehen und verzichteten so auf Familie und Besitz. Andere ließen sich durch Jesu Worte und Taten beeindrucken, gewannen eine neue Perspektive auf ihr Leben und eine weiterführende Orientierung durch die anbrechende Gottesherrschaft; sie verblieben aber in ihrer angestammten Sozialform.

Auch die Erinnerungen an Jesu Auftreten, Wirken und Geschick waren von Anfang an plural. Von daher erklärt sich das Nebeneinander von vier Evangelien, die im Einzelnen durchaus unterschiedliche Akzente setzen, sich an einigen Punkten sogar widersprechen. Schließlich zeigen die im Neuen Testament gesammelten Briefe, wie sich die christliche Lebensform an verschiedenen Orten und auf dem Hintergrund unterschiedlicher Biografien und Herkünfte keineswegs einheitlich entwickelte. Von daher erscheinen spätere dogmatische Versuche, eine uniforme, Andersdenkende exkludierende christliche „Lehre" zu konstruieren, als problematische Rückschritte gegenüber der inklusiven Grundausrichtung des Bauhandwerkers aus Nazaret. Spätestens mit der Aufklärung verloren sie an Überzeugungskraft und werden heute nur noch von Wenigen geteilt bzw. sind in dogmengeschichtliche Abhandlungen ausgewandert.

Demnach ist Pluralismus und Umgang mit ihm zwar heute eine wichtige Herausforderung, aber der christlichen Lebensform von Anfang an inhärent, wenngleich auch bald hierarchisch domestiziert. Gemeinsam waren den verschiedenen Christinnen und Christen – wie sie dann genannt wurden – das Vertrauen auf Gott als Schöpfer und die Orientierung an Jesu Auftreten, Wirken und Geschick. Beides kam verdichtet im Beten des Vaterunsers zum Ausdruck, das – wie erwähnt – die Christinnen und Christen aller Zeiten und Orte vereint.

Ansonsten ist bis heute eine „nicht zu überwindende Vorläufigkeit"[49] in den menschlichen Handlungen Gott gegenüber zu beobachten: „Menschen suchen ‚Gottes Nähe'. Gott ist kein menschlicher Besitz […] Weil ‚Gott' aber mehr als ein

---

[49] Grethlein, Christian, Gemeinsam Gottes Nähe suchen – religiöse Feiern von Menschen unterschiedlicher Religionszugehörigkeit, in: Sattler, Dorothea / Leppin, Volker (Hg.), Heil für alle? Ökumenische Reflexionen (Dialog der Kirchen 15), Freiburg 2012, 347–360, 347.

Begriff ist, vollzieht sich die Annäherung an ihn in leiblichen, an Ort und Zeit verhafteten Ausdrucksformen."[50] Dogmatische Begriffe wie „Sakrament" – im Sinne von Augustin („Accedit verbum ad elementum et fit sacramentum"; Joh.tract. 80,3) – drohen diese Vorläufigkeit jeder menschlichen Praxis zu verschleiern.[51] Demgegenüber ist ihr kommunikativer, und d. h. auch menschlich-vorläufiger Charakter zu beachten.

Einen besonderen Akzent erhält diese Suche nach Gottes Nähe heute dadurch, „dass die daran beteiligten Menschen nicht nur unterschiedliche Biographien haben, aus unterschiedlichen kulturellen Kontexten stammen, sondern auch unterschiedlichen Religionsformen angehören. Die Migrationsbewegungen tragen dazu ebenso bei wie die Globalisierungsprozesse und die durch moderne Technik ermöglichte Mobilität und kommunikative Vernetzung."[52]

Mit dem Konzept „Religion" (s. IV.3) wird nicht zuletzt von staatlicher Seite in Form des sog. Religionsrechts versucht, dieser Vielfalt Rechnung zu tragen. Hier werden Fragen des Körperschaftsstatus,[53] der Verantwortung für schulischen Religionsunterricht[54] u.v.m. bearbeitet und entschieden.

In der Lebenspraxis der meisten Menschen stellt sich die Frage nach dem Verhältnis verschiedener Religionen wohl am häufigsten bei der grundlegenden Kommunikationspraxis

---

[50] A.a.O. 348.
[51] S. Grethlein, Christian, Kirchentheorie. Kommunikation des Evangeliums im Kontext, Berlin 2018, 67.
[52] Grethlein, Gottes Nähe 348.
[53] S. Magen, Stefan, Körperschaftsstatus und Religionsfreiheit. Zur Bedeutung des Art. 137 Abs. 5 WRV im Kontext des Grundgesetzes (JusEcc 75), Tübingen 2004.
[54] S. Holze, Erhard / Pfister, Stefanie, 100 Rechtsfragen zu Religionsunterricht und Schule. Konkret, juristisch, kompetent, Göttingen 2019.

2. Kirche – gemeinsames Essen und Trinken

des Betens, also des verbal in Beziehung-Tretens zu Gott bzw. dem Transzendenten. Dass mit dem Beten ein Anerkennen des eigenen Angewiesen-Seins verbunden ist, macht es zu einem intimen Akt.[55] Konkret stellt sich die Frage bzw. Aufgabe des Betens mit unterschiedlichem weltanschaulichem Hintergrund besonders in folgenden fünf Situationen:[56]
- bei Feiern in Schulen und Kindergärten;
- bei familiären Feiern, wenn einzelne Familienmitglieder unterschiedlichen Religionen angehören;
- bei Zusammenkünften angesichts von Katastrophen;
- bei gemeinsamen Feiern in Orten, in denen die Wohnbevölkerung in nennenswerter Weise unterschiedlichen Daseins- und Wertorientierungen folgt;
- bei Feiern im Zuge des interreligiösen Dialogs.

Menschen haben hier jeweils ein gemeinsames Anliegen: das Begleiten eines Kindes beim Schulanfang oder eines Jugendlichen bei Schulabschluss; das Feiern eines Übergangs im Leben, vor allem anlässlich eines Todesfalles oder eines Eheschlusses; der Ausdruck von Betroffenheit etwa durch einen Mord oder eine Umweltkatastrophe; das Zusammenkommen z.B. bei einem Ortsfest; das Bemühen um Dialog und Verständigung zwischen Menschen unterschiedlicher Daseins- und Wertorientierung. In diesen Situationen suchen Menschen Kontakt zum Grund ihres Lebens, eben in Form eines Gebets.

Bevor hier eilig die Differenzen der verschiedenen Dogmatiken gegeneinander in Stellung gebracht werden, mahnt ein Blick in die Vergangenheit zu Behutsamkeit. So konnte Mitte des 17. Jahrhunderts der Pfarrer der Berliner Nikolaikirche,

---

[55] S. Meyer-Blanck, Michael, Das Gebet, Tübingen 2019, 402.
[56] S. Grethlein, Gottes Nähe 353 f.

Johannes Heinzelmann, in einer Predigt ausrufen: „So verdammen wir die Papisten, Calvinisten und auch die Helmstedter: mit einem Wort, wer nicht lutherisch ist, der ist verflucht".[57] Er wäre gewiss entsetzt über die Leuenberger Konkordie gewesen, in der 1973 Kanzel- und Abendmahlsgemeinschaft zwischen den verschiedenen reformatorischen Kirchen vereinbart wurde.[58] Und auch zwischen evangelischen und der römisch-katholischen Kirche finden heute vielerorts zumindest auf der pastoral-praktischen Ebene Annäherungen statt, die zwar dem Codex Iuris Canonici widersprechen, für die Menschen aber selbstverständlich geworden sind – wie etwa die gegenseitige Teilnahme an Abendmahl bzw. Eucharistie.

Von daher ist zu fragen, ob z. B. nicht größere *Gemeinsamkeiten zwischen Christen und Muslimen* bestehen als die traditionellen Lehren vermuten lassen. So untersuchten der katholische Theologe Klaus v. Stosch und der islamische Religionspädagoge Mouhanad Khorchide gemeinsam die Erwähnungen von Jesus im Koran. Dabei ergaben sich für beide Seiten interessante Einsichten: „Aus muslimischer Sicht ist es ausgesprochen irritierend, dass der Koran eine Reihe von Aussagen macht, die die Besonderheit Jesu in – für islamische Schultheologie – herausfordernder Weise würdigen. Offenkundig gibt es im Koran zugleich eine bemerkenswerte Würdigung der Bedeutung Jesu Christi und eine kritische Auseinandersetzung mit der christlichen Rezeption dieser

---

[57] Zitiert nach Beutel, Albrecht, Kirchenordnung und Gewissenszwang. Paul Gerhardt im Berliner Kirchenstreit, in: Ders., Reflektierte Religion. Beiträge zur Geschichte des Protestantismus, Tübingen 2007, 84–100, 90 f.

[58] S. Leuenberger Konkordie, in: KJ 100 (1973), 19–23; s. hierzu Grethlein, Abendmahl 96 f.

2. Kirche – gemeinsames Essen und Trinken 145

Bedeutung."[59] Und umgekehrt gilt für die herkömmliche christliche Glaubenslehre: Der Koran „erinnert [...] in drastischer Klarheit an die großen Gefahren einer Vergöttlichung Jesu auf Kosten seiner Menschlichkeit. [...] Der Verkünder des Korans legt den Finger in die Wunde einer Christologie, die die echte Menschheit und Menschlichkeit Jesu verdunkelt und so nicht mehr verständlich machen kann, wie wir durch die in Jesus Christus erwiesene Zuwendung Gottes erlöst werden können."[60] Wenn es sogar hinsichtlich der Person Jesu solch interessanten und anregenden Austausch gibt, stellt sich die Frage, ob und wie sich die hierbei festgestellten Gemeinsamkeiten praktisch in der Kommunikation mit Gott als unserem Schöpfer ausdrücken lassen.

In ähnlicher Weise eröffnet Perry Schmidt-Leukel einen *Dialog zwischen Christentum und Buddhismus*. Auch hier lohnt sich eine genauere Betrachtung von Jesu Wirken: „In den kanonischen Schriften wird Gautama häufig als ‚Lehrer' [...], ‚großer Lehrer' [...] bezeichnet. In den Evangelien wird Jesus 41-mal ‚Lehrer' [...] genannt – kein anderer Titel wird ihm häufiger beigelegt."[61] Und: „So wie an Leben und Lehre des Buddha deutlich wird, was die unbegreifbare letzte Wirklichkeit für uns bedeutet, so zeigt sich an Leben und Lehre Jesu, in welcher Beziehung der unabbildbare Gott zu uns steht. In beiden Fällen zitiert diese inkarnatorische Ausdrucksweise nicht das Selbstverständnis von Gautama oder Jesus, sondern reflektiert eine Erfahrung und Überzeugung, die sie im Leben ihrer Anhänger hervorriefen."[62]

---

[59] Khorchide/v. Stosch, Prophet 11.
[60] A.a.O. 289 f.
[61] Schmidt-Leukel, Perry, Das himmlische Geflecht. Buddhismus und Christentum – ein anderer Vergleich, Gütersloh 2022, 235.
[62] A.a.O. 239.

Vor dem Hintergrund solcher interreligiöser Annäherungen,[63] aber vor allem auf Grund der zunehmenden Begegnung von Menschen unterschiedlicher Daseins- und Wertorientierung im Alltag veröffentliche die Liturgische Konferenz 2005 eine „Orientierungshilfe", in der sie religionshermeneutisch vier Formen des Betens benennt, wenn Menschen unterschiedlicher Daseins- und Wertorientierung miteinander feiern:

- *„Liturgische Gastfreundschaft"*: „In der Regel handelt es sich um zweiseitige Begegnungen. So kann z.B. eine bestimmte Gruppe in der Schule einen Gottesdienst vorbereiten und die Anderen dazu einladen."[64] Die einladende Gruppe bestimmt auch die Gebete.
- *„Multireligiöse Feiern"*: Hier „kommen Vertreter verschiedener Religionen nebeneinander zu Wort, ohne dass sie gemeinsame Gebete sprechen. Es kann jedoch ‚nebeneinander gebetet' werden".[65]
- *„Interreligiöse Feiern"*: Sie bieten „ein gemeinsames Programm, auf das man sich inhaltlich einigt (gemeinsame Texte, Gebete etc.). Dabei wird das Verbindende der verschiedenen religiösen Standpunkte gesucht, so dass man zu gemeinsamen Texten oder Handlungen (Gebeten, Lesungen und Liedern) kommt."[66]

---

[63] Eine dogmatische, genauer: trinitätstheologische Begründung hierfür findet sich bei Barth, Hans-Martin, Koexistenz der Religionen – Ende des christlichen Missionsauftrags?, in: Ders., Begegnung wagen – Gemeinschaft suchen (BenshH 54), Göttingen 2000, 75–94.

[64] Mit Anderen feiern – gemeinsam Gottes Nähe suchen. Eine Orientierungshilfe der Liturgischen Konferenz für christliche Gemeinden zur Gestaltung von religiösen Feiern mit Menschen, die keiner christlichen Kirche angehören, Gütersloh 2006, 28.

[65] A.a.O. 31.

[66] A.a.O. 31.

- „*Religiöse Feiern für alle*": „Aufgrund einer gemeinsamen Lebenssituation wird nach dem Glück und der Hoffnung, nach den Normen des Zusammenlebens und nach der Verantwortung aller gefragt, manchmal aber auch Klage und Betroffenheit zum Ausdruck gebracht. Der Hintergrund ist die allen Menschen gemeinsame Frage nach dem Ganzen des Lebens."[67]

Bei dieser Typologie ist allerdings zu beachten – und darauf macht die liturgische Orientierungshilfe selbst aufmerksam –, dass in der Rezeption der Menschen die verschiedenen Typen ineinander übergehen (können). „So kann ein und dieselbe Feier für den Einen interreligiös sein, insofern er etwa in das Gebet des Imams einstimmen kann und die Koran-Sure anregend findet, während eine Andere beides als fremdreligiöse Beiträge distanziert zur Kenntnis nimmt."[68]

Nicht nur in manchen Gegenden Ostdeutschlands mit mehrheitlich *konfessionsloser* Bevölkerung dürfte aber noch relevanter als solcher interreligiöser Austausch die Kommunikation mit der wachsenden Zahl von Menschen sein, die bisher keinen Zugang zum Beten gefunden haben.[69] Dies trifft zunehmend auch auf Kinder zu, deren Eltern sie nicht in diese Kommunikationsform einführten. Von daher verdienen entsprechende *religionspädagogische Bemühungen* Aufmerksamkeit. Erste Anregungen können Erzählungen biblischer

---

[67] A.a.O. 32.
[68] Grethlein, Gottes Nähe 357.
[69] S. zum Rückgang der Gebetspraxis bei evangelischen und katholischen (nicht islamischen!) 12- bis 25-Jährigen in den letzten 20 Jahren die Tabelle bei Schneekloth, Ulrich/Wolfert, Sabine, Wertorientierungen, in: Shell Deutschland GmbH (Hg.), Jugend 2024. Pragmatisch zwischen Verdrossenheit und gelebter Vielfalt, Weinheim 2024, 101–129, 126.

Geschichten geben, in denen selbstverständlich betende Menschen vorkommen und so Lernen am Modell ermöglichen:

„Anhand der Abraham- und Sarah-Erzählungen kann in das Bittgebet eingeführt werden. In diesem in 1 Mose 12 beginnenden Erzählkomplex begegnen immer wieder bewegende Situationen, in denen Menschen Gott bitten: um Nachkommenschaft, unter damaligen Verhältnissen also ums Überleben, um Schutz vor Feinden usw.

Die Mose-Geschichten lassen sich als Erzählungen zum Fürbittengebet verstehen. Von 2 Mose 3 an wird die zögerliche Übernahme des Auftrags Gottes an Mose geschildert, für Israel in bedrängter Situation einzutreten.

Im Buch Hiob begegnet das Gebet als Klage. Denn Hiob kann nicht verstehen, warum Gott ihn so grausam heimsucht, und wehrt sich gegen die wohlfeilen Erklärungsversuche seiner Freunde. Vielmehr klagt er sein Geschick Gott, bis hin zu ergreifender Anklage aus tiefster Not.

Manche Psalmen, etwa zur Schöpfung, sind Dankgebete (z. B. Ps 8; 104). Sie spiegeln die auch heute noch erlebbare Freude über das Schöne in der von Gott geschaffenen Welt wider."[70]

Eine solche Einführung ins Beten ist auch allgemein pädagogisch von Bedeutung, da Beten eine weltweit verbreitete Kommunikationsform ist sowie eine wichtige Perspektive auf Wirklichkeit und Leben eröffnet. Selbstverständlich kann kein Kind dazu gezwungen werden, selbst zu beten – dies würde neben der auch bei Jesus stets präsenten Möglichkeit der Selbstexklusion auch den genannten intimen Charakter dieser Kommunikationsform verletzen. Doch können Kinder z. B. Gebete für Akteure biblischer Geschichten ersinnen und so in diese Sprachform finden.

Nicht nur im letzten Beispiel ist Beten eng mit Lehr- und Lernprozessen verbunden. Die dem Beten zugrundeliegende

---

[70] Grethlein, Christian / Lück, Christhard, Religion in der Grundschule. Ein Kompendium, Göttingen 2006, 125.

Fähigkeit zur Resonanz kann in vielfältigen Bildungsprozessen geweckt und gefördert werden, wobei nicht zuletzt auch Beschäftigung mit Kunst hilfreich sein kann. Allerdings steht dabei nicht – wie in den Lebensformen des „Homo oeconomicus", des „Homo simultans" oder der „Silver Agers" – die eigene Aktivität im Vordergrund, sondern das Empfangen, auf das die Betenden re-agieren.

Ausblick:
Schöpfung als Grundlage gemeinsamen Lebens

Meine Überlegungen gingen von folgender Spannung aus: Auf der einen Seite ist – nicht nur in Deutschland – ein sich rasch vollziehender Relevanzverlust von „Glaube", „Kirche" und „Religion" unübersehbar, wenn diese Begriffe umgangssprachlich verwendet werden. Glaubenssätze etwa zur Trinität oder zur Christologie sind den meisten Menschen nicht zugänglich; für das Selbstverständnis verfasster Kirchen zentrale Veranstaltungen wie der sonntägliche Gottesdienst interessieren nur noch eine ständig kleiner werdende Minderheit; Religion erscheint Vielen als eine nebensächliche Privatangelegenheit. Auf der anderen Seite kommen übliche Lebensformen wie die des auf den Eigennutz bedachten „Homo oeconomicus" oder des ständig online und damit der natürlichen Mitwelt gegenüber repulsiven „Homo simultans" bzw. der aktiven „Silver Agers" an ihre Grenzen. Sie ge- und verbrauchen ihre Umwelt in einer Weise, die letztlich selbstzerstörerisch ist.

In dieser spannungsreichen Situation erscheinen mir wichtige Impulse Jesu von Nazaret weiterführend. Gegründet im Vertrauen auf Gott als Schöpfer, den er mit „Vater" anspricht, beeindruckt die nicht nur zur damaligen Zeit außergewöhnliche inklusive Ausrichtung seines Auftretens und Wirkens. Mit der positiv formulierten Goldenen Regel sowie dem Doppelgebot der Liebe legte er eine tragfähige Basis für die Daseins- und Wertorientierung gerade auch in einer „vollen Welt".

Von hieraus gilt es heute die im Laufe der Zeit in vielfältigen verschlungenen Kontextualisierungsprozessen entstandenen Bedeutungen von „Glauben", „Kirche" und „Religion" kritisch zu analysieren und wieder an Jesu Grundimpuls zu orientieren. In dreifacher Weise kann hierbei angesetzt werden:
– Das Vertrauen auf den Schöpfer kommt in der Handlung des *Segnens und Gesegnet-Werdens* leiblich nachvollziehbar zum Ausdruck. Sie nimmt das bereits in der ersten Schöpfungserzählung berichtete Grundverhältnis Gottes zum Menschen auf (Gen 1,28) und verleiht ihm Gestalt.

Überkommene Kirchenordnungen mit ihren hierarchisch-klerikalen Implikationen, die sich Kontextualisierungen in Antike und Mittelalter verdanken, stehen einem solchen inklusiven Segensverständnis eher entgegen. Dies gilt auch für die – kirchengeschichtlich recht junge – Form der binären Kirchenmitgliedschaft.[1]

Neuaufbrüche wie Drop-In-Taufen (s. IV.1) weisen hier einen neuen – oder wie man in der Erzählung vom Kämmerer aus Äthiopien lesen kann (Apg 8,26–40) alten – Weg, der zur „Freude" von Menschen führt.

In den ostdeutschen Segensfeiern (s. IV.1) zeigt sich, dass Gesegnet-Werden auch für nichtkirchlich Sozialisierte sowie religiös Unengagierte attraktiv erscheint, wenn es authentisch[2] kommuniziert wird. Sie können hier – theologisch formuliert – Gottes Nähe spüren.

---

[1] S. Grethlein, Christian, Evangelisches Kirchenrecht. Eine Einführung, Leipzig 2015, 212 f.

[2] S. hierzu aus phänomenologischer Perspektive Wiesinger, Christoph, Authentizität (PThGG 31), Tübingen 2019, v.a. 247–250, 254.

Ausblick: Schöpfung als Grundlage gemeinsamen Lebens 153

Dazu impliziert das Gesegnet-Werden auch eine Kräftigung, um Anderen zum Leben zu helfen. Dies kommt besonders eindrücklich bei der rituellen Begleitung von Übergängen im Leben zum Ausdruck, greift aber auch im Alltag Raum, wie diakonische Aktivitäten zeigen.[3] Sie sind für die meisten Menschen heute die plausibelste Form der Kommunikation des Evangeliums.

– *Gemeinsames Essen und Trinken* kann in mehrfacher Weise neue Perspektiven eröffnen, die Jesus als Anbruch der Gottesherrschaft verstand. Es ist im Dank an den Schöpfer gegründet, der uns die Grundlagen der Nahrung geschenkt hat. Für die Mahlgemeinschaft ist die inklusive Offenheit für alle Menschen grundlegend. Sie findet ihren Ausdruck im gegenseitigen Teilen. Kirchenrechtliche Exklusionsbestimmungen zu Eucharistie bzw. Abendmahl verfehlen diesen Grundzug jesuanischer Lehre ebenso wie die liturgische Reduktion der Elemente und sind dringend zu revidieren. Ein Blick in den Alltag von Menschen zeigt erfreulicherweise, dass Manche – wie etwa der Schreibaufruf zum Berliner Kirchentag zeigte (s. IV.2) – sich hier selbst auf den Weg machen und so Gottes Nähe entdecken. Die Erstarrung vieler Eucharistie- bzw. Abendmahlsfeiern kann auch als Resultat der Tatsache verstanden werden, dass seit dem 13. Jahrhundert die einzige Personengruppe von der Mahlfeier ausgeschlossen wurde, für die Jesus eine besondere Nähe zur Gottesherrschaft erkannte (Mk 10,13–16 parr.), nämlich die (kleinen) Kinder.[4] Eine Einladung zur Mahlfeier auch an sie, mittlerweile in vielen evangelischen Gemeinden möglich, führt hier hoffentlich zu

---

[3] S. Grethlein, Christian, Diakonisches Handeln als Form der Kommunikation des Evangeliums, in: PTh 113 (2024), 269–282.
[4] S. Grethlein, Christian, Abendmahl feiern in Geschichte, Gegenwart und Zukunft, Leipzig 2015, 190–195.

Veränderungen. In den Vesperkirchen (s. IV.2.) tritt die diakonische Dimension des Mahlfeierns hervor und wehrt ihrer kultischen Isolation (und damit Bedeutungslosigkeit).

Auch impliziert die grundlegende Bedeutung von Essen und Trinken in der christlichen Lebensform die Notwendigkeit, den ökologischen Raubbau der letzten Jahrzehnte zu überwinden. Hierzu ist eine Abkehr vom Beschleunigungswahn und dem Bemühen um ein „Immer mehr" notwendig. In schöpfungstheologischer Perspektive gilt es, die Bedeutung der natürlichen Zeitzyklen wieder zu entdecken (s. II.1) und das Leben entsprechend zu gestalten.

– Schließlich macht das Vaterunser als eine grundlegende Kommunikationsweise der christlichen Lebensform auf die Bedeutung des *Betens* aufmerksam. Im Beten erkennen wir die Abhängigkeit von unserem Schöpfer an, an den wir uns dankend, bittend, lobend oder klagend wenden. Zugleich eröffnet diese Kommunikationsform einen weiten Blick auf die Wirklichkeit, indem die Betenden versuchen, die Welt in der Perspektive Gottes wahrzunehmen – und bitten: „Dein Reich komme, dein Wille geschehe".

Wie auch das Gesegnet-Werden bzw. Segnen setzt das Beten eine Resonanzfähigkeit voraus bzw. fördert sie, die jenseits ökonomischer Verwertbarkeit, technisch vermittelter Omnipräsenz und selbstbezogenem Aktivismus liegt. Die Wirklichkeit wird in den Horizont Gottes gerückt. Begegnungen mit Menschen aus anderen Kulturen zeigen, dass dies nicht exklusiv an den Lehrer Jesus gebunden ist. Auch andere Lehrer wie Muhammad oder Gautama lehrten Ähnliches.

So eröffnen sich für die Gestaltung der christlichen Lebensform neue Perspektiven, die das grundlegende Vertrauen in Gott als Schöpfer sowie die inklusive Ausrichtung von Jesu

Lehre aufnehmen und damit Leben in der „vollen Welt" verantwortlich gestalten helfen:

Organisationsmäßig ist vordringlich, wieder die Vielfalt von „Ekklesia" wiederzugewinnen, von der bereits das Neue Testament zeugt (s. I.3). Gegenwärtig konzentriert sich „Kirche" in der Tradition früheren hierarchischen Denkens auf die dort dominierenden mittleren Sozialformen, die Gemeinschaft von Menschen am Ort und in einer Landschaft. Allerdings verlieren solche Institutionen auch sonst an Bedeutung, wie der lange Zeit in Stanford lehrende, französische Epistemologe Michel Serres anschaulich resümiert: „Ich sehe unsere Institutionen in einem Glanz erstrahlen, der dem jener Sternbilder gleicht, von denen Astronomen uns berichten, daß sie längst erloschen sind."[5]

Die Bedeutung von „*Oikos*", also der alltäglichen Lebensgemeinschaft, für die Gemeinschaft von Christinnen und Christen ist durch die Klerikalisierung und Hierarchisierung von Kirche verloren gegangen. Früher übliche Haustaufen[6] und -abendmahlsfeiern[7] wurden (weitgehend) abgeschafft. Moderne Netzwerktheorien machen aber von neuem auf die Bedeutung des sozialen Nahraums aufmerksam. So stellt Felix Roleder in einer diesbezüglichen Studie fest: „Hinsichtlich der Handlungsmöglichkeiten religiöser Organisationen ist […] festzuhalten, dass sich religiöser Austausch und Einfluss zumeist in privaten und spontanen Netzwerken vollziehen, auf die religiöse Organisationen keinen unmittelbaren

---

[5] Serres, Michel, Erfindet euch neu! Eine Liebeserklärung an die vernetzte Generation, Berlin 2013 (franz., 2012), 7.

[6] S. Grethlein, Christian, Taufpraxis in Geschichte, Gegenwart und Zukunft, Leipzig 2014, 67.

[7] S. Grethlein, Abendmahl 126–130.

Einfluss haben."[8] Solche Netzwerke sind gleichermaßen flexibel und fluide. In Gebet-Chats bilden sich z.B. neue Kommunikationsräume, in denen Menschen jenseits bestehender Organisationsformen die Nähe Gottes suchen. Dabei treten herkömmliche konfessionelle, teilweise sogar religiöse Unterschiede hinter die Zuwendung zu konkreten Anliegen zurück.[9]

Dementsprechend verändert sich die *Kommunikationsweise*, die der christlichen Lebensform entspricht. Der heute immer noch viel gebrauchte Begriff der „Verkündigung" geht – wie sein griechischer Ursprung (κηρύσσειν) zeigt – auf die Funktion des antiken Herolds zurück, also eines Verkünders des obrigkeitlich durch den Kaiser Festgelegten. Das macht in einer demokratisch verfassten und pluralistischen Gesellschaft keinen Sinn mehr. Vielmehr sind heute – in Aufnahme des durch Jesu Auftreten, Wirken und Geschick gegebenen Impulses – Kommunikationsräume zu eröffnen, in denen Menschen sich austauschen, dabei Anregungen empfangen sowie geben und Gemeinschaft erleben können.

Von daher lässt sich auch die Aufgabe der *Pfarrperson* präziser als bisher üblich fassen. Ihr Handeln ist wesentlich durch ihre Ausbildung, also das Theologiestudium, zu bestimmen. Pfarrer/innen üben also einen „theologischen Beruf" aus.[10]

---

[8] Roleder, Felix, Die relationale Gestalt von Kirche. Der Beitrag der Netzwerkforschung zur Kirchentheorie (PTHe 169), Stuttgart 2020, 114; vgl. auch Hörsch, Daniel / Pompe, Hans-Hermann (Hg.), Kirche aus der Netzwerkperspektive. Metapher – Methode – Vergemeinschaftungsform (Kirche im Aufbruch 25), Leipzig 2018.

[9] S. grundlegend hierzu Lienau, Anna-Katharina, Gebete im Internet. Eine praktisch-theologische Untersuchung (Studien zur Christlichen Publizistik XVII), Erlangen 2009.

[10] S. Grethlein, Christian, Pfarrer – ein theologischer Beruf!, Frankfurt 2009.

Ausblick: Schöpfung als Grundlage gemeinsamen Lebens

Sie können demnach in der Kommunikation immer wieder auf den von Jesus ausgehenden Impuls verweisen und diesen bei Fragen nach der konkreten Lebensgestaltung einbringen. Zugleich ist dieser Beitrag aber auf Dialogpartner/innen angewiesen, die ihre Lebenserfahrungen einbringen. Denn Kommunikation des Evangeliums erfordert Beides: Anschluss an das im Neuen Testament erinnerte Auftreten, Wirken und Geschick Jesu sowie an die gegenwärtige Situation. Dabei bietet der mittlerweile durch langjährigen Schul- und oft auch Hochschulbesuch erworbene Bildungsgrad vieler Menschen gute Voraussetzungen für symmetrische Kommunikationen. Das jahrhundertelang prägende Gefälle (gebildeter) Pfarrer – (ungebildetes) Gemeindeglied ist somit überwunden. So kann das von Luther geforderte „Allgemeine Priestertum" der Getauften Raum greifen (s. I.3). Dabei legt sich die Frage nahe, inwieweit die traditionell im Mittelpunkt evangelischer Gottesdienste stehende Kanzelrede dabei hilfreich ist.

Schließlich sind Modifikationen in *inhaltlicher* Hinsicht erforderlich, soll die christliche Lebensform aktuell attraktiv sein. Die sich in den ersten Jahrhunderten entwickelnde und dann vom römischen Kaiser und späteren Herrschern unterstützte Christologisierung der christlichen Lebensreform ist heute kritisch zu überprüfen. Für Jesus von Nazaret stand das Vertrauen auf Gott als Schöpfer im Vordergrund, nicht seine eigene Person. Gegen Gleichsetzungen seiner Person mit Gott hätte er sich wohl gewehrt (s. zu den entsprechenden Spannungen noch im Neuen Testament I.1).

Die Grundlegung von Jesu Lehre im Vertrauen auf den Schöpfer, den er „Vater" nennt, erhält im Kontext der heutigen ökologischen Krise neue Aktualität. Das gegenwärtig sonntags in den Kirchen gesprochene Apostolische Glaubensbekenntnis steht dazu in Spannung. Es wird zu überlegen sein, ob nicht stattdessen – analog zum Vaterunser – ein Ausdruck des Vertrauens auf Gott als Schöpfer formuliert werden sollte.

Eine besondere Herausforderung wird dabei sein, die in der „leeren Welt" mit der kurzen Lebenszeit von Menschen formulierte Hoffnung auf Auferstehung aufzunehmen bzw. zu transformieren, durchaus in Fortsetzung früherer Neuinterpretationen (s. III.3). Anthropologisch gesehen geht es darum, die in der Hoffnung als „Weltverhältnis"[11] begründete Ausrichtung zu konkretisieren. Wie eingangs aus der eigenen pastoralen Erfahrung im Besuchsdienst angemerkt, kommt traditionellen Vorstellungen wie Auferstehung oder ewiges Leben bei vielen Hochaltrigen heute nur noch wenig bzw. keine Bedeutung zu. Zugleich eröffnet die bei ihnen beobachtete Gerotranszendenz (s. II.3.) einen neuen Horizont für Leben. Hier scheint sich die paulinische Trias auf neue Weise zu bestätigen: „Nun aber bleiben Glaube, Hoffnung. Liebe, diese drei; aber die Liebe ist die größte unter ihnen." (1Kor 13,13)

---

[11] S. hierzu Grethlein, Jonas, Hoffnung. Eine Geschichte der Zuversicht von Homer bis zum Klimawandel, München 2024, 16, 19.

Literaturverzeichnis

Albrecht, Christian, Kasualtheorie. Geschichte, Bedeutung und Gestaltung kirchlicher Amtshandlungen (PThGG 2), Tübingen 2006.

Angenendt, Arnold, Geschichte der Religiosität im Mittelalter, Darmstadt 1997.

Auf der Maur, Hansjörg, Feiern im Rhythmus der Zeit I. Herrenfeste in Woche und Jahr (GDK 5), Regensburg 1983.

Barnahl, Meike, Ohne viel Tamtam. Die Drop-In-Taufe, in: Handke, Emilia/Barnahl, Meike, Dein Leben, dein Moment. Rituale neu entdecken und individuell gestalten, München 2023, 43–48.

–, Hochzeit. Über ein Ritual, das so bunt ist wie die Liebe selbst, in: Handke, Emilia/Barnahl, Meike, Dein Leben, dein Moment. Rituale neu entdecken und individuell gestalten, München 2023, 105–112.

Barth, Hans-Martin, Koexistenz der Religionen – Ende des christlichen Missionsauftrags?, in: Ders., Begegnung wagen – Gemeinschaft suchen (BenshH 94), Göttingen 2000, 75–94.

–, Das Vaterunser. Inspiration zwischen Religionen und säkularer Welt, Gütersloh 2016.

Bauer, Jochen, Religionsunterricht für alle. Eine multitheologische Fachdidaktik, Stuttgart 2019.

Baumert, Jürgen, Deutschland im internationalen Bildungsvergleich, in: Nelson, Kilius u. a. (Hg.), Die Zukunft der Bildung, Frankfurt 2002, 100–150.

Baumgartner, Jakob, Ein geschichtlicher Durchblick durch die Segnungen, in: Ders. (Hg.), Gläubiger Umgang mit der Welt. Die Segnungen der Kirche, Einsiedeln 1976, 50–92.

Beck, Ulrich, Die Metamorphose der Welt, Berlin 2017.

Becker, Jürgen, Jesus von Nazaret, Berlin 1996.

Beutel, Albrecht, Kirchenordnung und Gewissenszwang. Paul Gerhardt im Berliner Kirchenstreit, in: Ders., Reflektierte Religion. Beiträge zur Geschichte des Protestantismus, Tübingen 2007, 84–100.

Beyreuther, Erich, Geschichte der Diakonie und Inneren Mission in der Neuzeit, Berlin 1962.

Bieritz, Karl-Heinrich, Eucharistie und Lebensstil, in: Ders., Zeichen setzen. Beiträge zu Gottesdienst und Predigt, Stuttgart 1995, 218–233.

Böhnisch, Lothar, Sozialpädagogik der Lebensalter. Eine Einführung, Weinheim 2018[8].

Borscheid, Peter, Das Tempo-Virus. Eine Kulturgeschichte der Beschleunigung, Frankfurt 2004.

Chilton, Bruce, A Feast of Meanings. Eucharistic Theologies from Jesus through Johannine Circles (NT.S 72), Leiden 1994.

Cornehl, Peter, Der Evangelische Gottesdienst – Biblische Kontur und neuzeitliche Wirklichkeit Bd. 1. Theologischer Rahmen und biblische Grundlagen, Stuttgart 2006.

Dahm, Karl-Wilhelm, Pfarrer/Pfarrerin VI. Statistisch, in: RGG[4] 6 (2003), 1204–1211.

Depping, Klaus, Demenz: Seelsorgliche Kommunikation bei Rationalitätsverlust, in: Klie, Thomas/Kumlehn, Martina/Kunz, Ralph (Hg.), Praktische Theologie des Alterns (PThW 4), Berlin 2009, 365–384.

Dietzsch, Andrea, Gebet, in: Rothgangel, Martin/Simojoki, Henrik/Körtner, Ulrich (Hg.), Theologische Schlüsselbegriffe. Subjektorientiert – biblisch – systematisch – didaktisch, Göttingen 2019, 106–118.

Domsgen, Michael/Lienau, Anna-Katharina/Saß, Marcell/Schröder, Bernd (Hg.), Christsein. Beiträge zur Morphologie und Topologie einer Lebensform (APrTh 98), Leipzig 2024.

Dorner, Martin, Abendmahl in Vesperkirchen – eine Wiederentdeckung der offenen Mahlzeiten Jesu, in: Arnold, Jochen/Fröchtling, Drea/Kunz, Ralph/Schliephake, Dirk (Hg.), Alle sind eingeladen. Abendmahl inklusiv denken und feiern (gemeinsam gottesdienst gestalten 12), Leipzig 2021, 105–114.

Drecoll, Volker Henning, Entwicklungen und Positionen in der Geschichte des Christentums, in: Ders. (Hg.), Trinität (Themen der Theologie 21), Tübingen 2011, 81–162.

Dunkel, Daniela, Apostolikumsstreit, in: RGG⁴ 1 (1998), 650 f.

Ebeling, Gerhard, Dogmatik des christlichen Glaubens Bd. 1, Tübingen 1979.

Ebertz, Michael / Eberhardt, Monika / Lang, Anna, Kirchenaustritt als Prozess: Gehen oder bleiben? Eine empirisch gewonnene Typologie (KirchenZukunft konkret 7), Berlin 2012.

Eckstein, Hans-Joachim, Gottesdienst im Neuen Testament, in: Ders. / Heckel, Ulrich / Weyel, Birgit (Hg.), Kompendium Gottesdienst, Tübingen 2011, 22–41.

Erhardt, Martin, Alterstheorien, in: Ders./Hoffmann, Lothar / Roos, Horst (Hg.), Altenarbeit weiterdenken. Theorien – Konzepte – Praxis, Stuttgart 2014, 41–48.

Evangelische Kirche in Deutschland (Hg.), Wie hältst du's mit der Kirche? Zur Bedeutung der Kirche in der Gesellschaft. Erste Ergebnisse der 6. Kirchenmitgliedschaftsuntersuchung, Leipzig 2023.

Evangelische Kirche in Deutschland (EKD), Kirchensteuerstatistik 2023. Statistischer Bericht, April 2024.

Evers, Dirk, Neuere Tendenzen in der deutschsprachigen evangelischen Dogmatik, in: ThLZ 140 (2015), 1–22.

Fischer, Alexander, Der Tod im Alten Testament und sein altorientalischer Kontext, in: Volp, Ulrich (Hg.), Tod (Themen der Theologie 12), Tübingen 2018, 11–56.

Franz, Adolf, Die kirchlichen Benediktionen im Mittelalter 2 Bde., Graz 1960 (1909).

Frettlöh, Magdalena, Theologie des Segens. Biblische und dogmatische Wahrnehmungen, Gütersloh 2005⁵.

Frey, Jörg, Apostelbegriff, Apostelamt und Apostolizität. Neutestamentliche Perspektiven zur Frage nach der ‚Apostolizität' der Kirche, in: Schneider, Theodor / Wenz, Gunter (Hg.), Das kirchliche Amt in apostolischer Nachfolge Bd. 1. Grundlagen und Grundfragen (DiKi 12), Freiburg 2004, 91–188.

–, Neutestamentliche Perspektiven, in: Kunz, Ralph / Schlag, Thomas (Hg.), Handbuch für Kirchen- und Gemeindeentwicklung, Neukirchen-Vluyn 2014, 31–41.

Friedrichs, Lutz, Praktisch-theologische Einleitung, in: Ders. (Hg.), Alternative Gottesdienste (gemeinsam gottesdienst gestalten 7), Hannover 2007, 9–32.

Frisch, Max, Homo faber. Ein Bericht, Frankfurt 1957.

Garcia, Tristan, Das intensive Leben. Eine moderne Obsession, Berlin 2017 (franz. 2016).

Geißler, Karlheinz, Alles hat seine Zeit, nur ich hab keine. Wege in eine neue Zeitkultur, München 2014.

–, Die Uhr kann gehen. Das Ende der Gehorsamskultur, Stuttgart 2019.

Gemeinhardt, Peter, Die Kirche zwischen theologischem Anspruch und historischer Wirklichkeit, in: Albrecht, Christian (Hg.), Kirche (Themen der Theologie 1), Tübingen 2011, 81–130.

Germann, Michael, Religionsfreiheit, in: Lexikon für Kirchen- und Staatskirchenrecht Bd. 3, Paderborn 2004, 408–410.

Göpel, Maja, Unsere Welt neu denken. Eine Einladung, Berlin 2020².

Greiner, Dorothea, Segen und Segnen. Eine systematisch-theologische Grundlegung, Stuttgart 1998.

Grethlein, Christian, Religionspädagogik, Berlin 1998.

–, Benediktionen und Krankensalbungen, in: Schmidt-Lauber, Hans-Christoph / Meyer-Blanck, Michael / Bieritz, Karl-Heinrich (Hg.), Handbuch der Liturgik, Göttingen 2003³, 551–574.

–, Pfarrer – ein theologischer Beruf!, Frankfurt 2009.

–, Gemeinsam Gottes Nähe suchen – religiöse Feiern von Menschen unterschiedlicher Religionszugehörigkeit, in: Sattler, Dorothea / Leppin, Volker (Hg.), Heil für alle? Ökumenische Reflexionen (DiKi 15), Freiburg 2012, 347–360.

–, Taufpraxis in Geschichte, Gegenwart und Zukunft, Leipzig 2014.

–, Evangelisches Kirchenrecht. Eine Einführung, Leipzig 2015.

–, Abendmahl feiern in Geschichte, Gegenwart und Zukunft, Leipzig 2015.

–, Praktische Theologie, Berlin 2016².

–, Kirchensteuer im Transformationsprozess heutiger evangelischer Landeskirchen in Deutschland, in: KuR 22 (2016), 188–195.

–, Kirchentheorie. Kommunikation des Evangeliums im Kontext, Berlin 2018.

–, Benedictio ex machina. Praktisch-theologische Perspektiven, in: Gemeinschaftswerk der Evangelischen Publizistik (Hg.), Segens-

roboter. Geistliche Handlungen und Künstliche Intelligenz (KI) (epd Dokumentation 20. März 2018), 19–24.
–, Christsein als Lebensform. Eine Studie zur Grundlegung der Praktischen Theologie (ThLZ.F 35), Leipzig 2018.
–, Segen, in: Rothgangel, Martin / Simojoki, Henrik / Körtner, Ulrich (Hg.), Theologische Schlüsselbegriffe. Subjektorientiert – biblisch – didaktisch, Göttingen 2019, 379–389.
–, Quo vadis, ecclesia? Evangelische Kirche im Transformationsprozess, in: DtPfrBl 120 (2020), 5–10.
–, Taufen (PThK 1), Göttingen 2020.
–, Christian, Christliche Lebensform. Eine Geschichte christlicher Liturgie, Bildung und Spiritualität, Berlin 2022.
–, Sterben und Tod – Teil des Lebens, Leipzig 2022.
–, Altern heute – Herausforderungen und Chancen (ThLZ.F 41), Leipzig 2024.
–, Ein (h)eiliges Gut. Vom Verständnis und Umgang mit der Zeit in der digitalisierten Gesellschaft, in: Lauxmann, Bernhard / Weyen, Frank / Nord. Ilona / Lütze, Frank (Hg.), Freiheit – Liebe – Gelassenheit. Anthropologische Fluchtpunkte der Theologie (APrTh 93), Leipzig 2024, 331–343.
–, Diakonisches Handeln als Form der Kommunikation des Evangeliums, in: PTh 113 (2024), 269–282.
–, Umprofilierung von Kirche. Überlegungen zum anstehenden Transformationsprozess der Kirche, in: Evangelische Stimmen. Zeitfragen und Kirche in Norddeutschland September 2024, 13–19
–/ Lück, Christhard, Religion in der Grundschule. Ein Kompendium, Göttingen 2006.
Grethlein, Jonas, Hoffnung. Eine Geschichte der Zuversicht von Homer bis zum Klimawandel, München 2024.
Grimm, Jacob, Rede über das Alter, in: Rentsch, Thomas / Vollmann, Morris (Hg.), Gutes Leben im Alter. Die philosophischen Grundlagen, Stuttgart 2017, 98–109.
Gronemeyer, Marianne, Das Leben als letzte Gelegenheit. Sicherheitsbedürfnisse und Zeitknappheit, Darmstadt 1993.
Haacker, Klaus, Glaube II/2. Altes Testament, in: TRE 13 (1984), 279–289.

Haberer, Tilmann, Kirche am Ende. 16 Anfänge für das Christsein von morgen, Gütersloh 2023.

Hahn, Ferdinand, Theologie des Neuen Testaments Bd. I. Die Vielfalt des Neuen Testaments. Theologiegeschichte des Urchristentums, Tübingen 2002.

–, Theologie des Neuen Testaments Bd. II. Die Einheit des Neuen Testaments. Thematische Darstellung, Tübingen 2002.

Hammer, Felix, Rechtsfragen der Kirchensteuer (JusEccl 66), Tübingen 2002.

Handke, Emilia, Religiöse Jugendfeiern »zwischen Kirche und anderer Welt«. Eine historische, systematische und empirische Studie über kirchlich (mit)verantwortete Alternativen zur Jugendweihe (APrTh 65), Leipzig 2016.

–, „Hier riecht's kirchlich!" Rituale für Konfessionslose als Alternative zur Jugendweihe, in: Domsgen, Michael / Höhn-Norden, Katharina (Hg.), Perspektivverschiebungen im religiösen Feld. Lernprozesse angesichts zunehmender Konfessionslosigkeit (APrTh 91), Leipzig 2024, 210–221.

Harari, Yuval Noah, Homo Deus. A Brief History of Tomorrow, New York 2017.

Haudel, Matthias, Theologie und Naturwissenschaft. Zur Überwindung von Vorurteilen und zu ganzheitlicher Wahrheitserkenntnis, Göttingen 2021.

Headrick, Daniel, Macht euch die Erde untertan. Die Umweltgeschichte des Anthropozäns, Darmstadt 2021 (am. 2020).

Heckel, Ulrich, Der Segen im Neuen Testament. Begriff, Formeln, Gesten (WUNT 150), Tübingen 2002.

Heidel, Klaus, Leben im Anthropozän. Anmerkungen zur Wirklichkeit im 21. Jahrhundert, in: Bertelmann, Brigitte / Heidel, Klaus (Hg.), Leben im Anthropozän. Christliche Perspektiven für eine Kultur der Nachhaltigkeit, München 2018, 17–38.

Herbert, Jan, Die andere Seite: Entwicklungspsychologische Gesundheitskompetenz und Gerotranszendenz, in: Likar, Rudolf / Kada, Olivia / Pinter, Georg / Janig, Herbert / Schippinger, Walter / Cernic, Karl / Lieber, Cornel (Hg.), Ethische Herausforderungen des Alters. Ein interdisziplinäres, fallorientiertes Praxisbuch für Medizin, Pflege und Gesundheitsberufe, Stuttgart 2019, 120–130.

Hermelink, Jan, Glauben – die Perspektive der Praktischen Theologie auf die gegenwärtige christliche Religion, in: Horn, Friedrich (Hg.), Glaube (Themen der Theologie 13), Tübingen 2018, 163–195.

Hild, Helmut, Wie stabil ist die Kirche? Bestand und Erneuerung, Gelnhausen 1974.

Hock, Klaus, Einführung in die Religionswissenschaft, Darmstadt 2002.

Höpflinger, François, Sozialgerontologie: Alter im gesellschaftlichen Wandel und neue soziale Normvorstellungen zu späteren Lebensjahren, in: Klie, Thomas/Kumlehn, Martina/Kunz, Ralph (Hg.), Praktische Theologie des Alterns (PThW 4), Berlin 2009, 55–73.

Hörsch, Daniel, Kirchliche und religiöse Praxis in einer Gesellschaft der Singularitäten, in: Evangelisches Werk für Diakonie und Entwicklung e.V. (Hg.), Zukunft ist jetzt! Hoffnungszeichen im Licht der 6. Kirchenmitgliedschaftsuntersuchung (KMU), o.O. o.J. (2024), 26–29.

–, Der Wandel von Kirchgang und Gottesdienstformen, in: Evangelisches Werk für Diakonie und Entwicklung e.V. (Hg.), Zukunft ist jetzt! Hoffnungszeichen im Licht der 6. Kirchenmitgliedschaftsuntersuchung (KMU), o.O. o.J. (2024), 67–80.

–/Pompe, Hans-Hermann (Hg.), Kirche aus der Netzwerkperspektive. Metapher – Methode – Vergemeinschaftungsform (Kirche im Aufbruch 25), Leipzig 2018.

Hollerweger, Hans, Konkrete Analyse von Phänomenen des Benediktionale und Processionale in Geschichte und Gegenwart, in: LJ 27 (1977), 42–63.

Holze, Erhard/Pfister, Stefanie, 100 Rechtsfragen zu Religionsunterricht und Schule. Konkret, juristisch, kompetent, Göttingen 2019.

Hooker, Morna, Glaube III. Neues Testament, in: RGG⁴ 3 (2000), 947–953.

Horn, Eva, Leben in einer beschädigten Welt. Das Denken des Anthropozäns und die Enzyklika Laudato si', in: Bertelmann, Brigitte/Heidel, Klaus (Hg.), Leben im Anthropozän. Christliche Perspektiven für eine Kultur der Nachhaltigkeit, München 2018, 65–75.

Horn, Friedrich, Glaube – Nicht Weisheit der Menschen, sondern Kraft Gottes, in: Ders. (Hg.), Glaube (Themen der Theologie 13), Tübingen 2018, 33–63.

Huber, Stefan, Kommentar: Gott ist tot! Tatsächlich? – Transzendenzerfahrungen und Transzendenzglaube im ALLBUS 2012, in: Bedford-Strohm, Heinrich / Jung, Volker (Hg.), Vernetzte Vielfalt. Kirche angesichts von Individualisierung und Säkularisierung. Die fünfte EKD-Erhebung über Kirchenmitgliedschaft, Gütersloh 2015, 267–276.

Huber, Wolfgang, Auf dem Weg zu einer Kirche der offenen Grenzen, in: Lienemann-Perrin, Christine (Hg.), Taufe und Kirchenzugehörigkeit. Studien zur Bedeutung der Taufe für Verkündigung, Gestalt und Ordnung der Kirche (FBESG 39), München 1983, 488–514.

Huizing, Klaas, Lebenslehre. Eine Theologie für das 21. Jahrhundert, Gütersloh 2022.

Jaeggi, Rahel, Kritik von Lebensformen, Berlin 2014².

Jüngel, Eberhard, Glaube IV. Systematisch-theologisch, in: RGG⁴ 3 (2000), 953–974.

Kaczynski, Reiner, Die Sterbe- und Begräbnisliturgie, in: Kleinheyer, Bruno / v. Severus, Emmanuel / Kaczynski, Reiner, Sakramentliche Feiern II (GDK 8), Regensburg 1984, 191–232.

Khorchide, Mouhanad / v. Stosch, Klaus, Der andere Prophet. Jesus im Koran, Freiburg 2018.

Kirchenamt der EKD (Hg.), Evangelischer Religionsunterricht in der digitalen Welt. Ein Orientierungsrahmen (EKD-Texte 140), Hannover Februar 2022.

Kirchhof, Tobias, Meine Kirche ist diakonisch!, in: Evangelisches Werk für Diakonie und Entwicklung e.V. (Hg.), Zukunft ist jetzt! Hoffnungszeichen im Licht der 6. Kirchenmitgliedschaftsuntersuchung (KMU), o. O. o. J. (2024), 91–96.

Kleinheyer, Bruno, Sakramentliche Feiern I. Die Feiern der Eingliederung in die Kirche (GDK 7/1), Regensburg 1989.

Konradt, Matthias, Schöpfung und Neuschöpfung im Neuen Testament, in: Schmid, Konrad (Hg.), Schöpfung (Themen der Theologie 4), Tübingen 2012, 121–184.

Kruse, Andreas, Kulturelle Gerontologie: Gesellschaftliche und individuelle Antworten auf Entwicklungspotenziale und Grenzsituationen im Alter, in: Klie, Thomas / Kumlehn, Martina / Kunz, Ralph (Hg.), Praktische Theologie des Alterns (PThW 4), Berlin 2009, 75–103.

Kugler, Georg/Lindner, Herbert, Das Feierabendmahl in St. Lorenz. Überlegungen, Bericht, Reaktionen, in: Kugler, Georg (Hg.), Forum Abendmahl, Gütersloh 1979, 73–126.

Kuntze, Sven, Alt sein wie ein Gentleman. Über Würde im Alter und andere überschätzte Tugenden, München 2019.

Kunz, Ralph, Spirituelle und religiöse Begleitung im Alter, in: Bachmaier, Helmut/Seeberger, Bernd (Hg.), Religiosität im Alter, Göttingen 2022, 145–160.

Landwehr, Achim, Geburt der Gegenwart. Eine Geschichte der Zeit im 17. Jahrhundert, Frankfurt 2014.

Laslett, Peter, Das dritte Alter. Historische Soziologie des Alterns, Weinheim 1995.

Latour, Bruno, Existenzweisen. Eine Anthropologie der Modernen, Berlin 2014 (franz. 2012).

Lauster, Jörg, Zwischen Entzauberung und Remythisierung. Zum Verhältnis von Bibel und Dogma (ThLZ.F 21), Leipzig 2008.

Leonhard, Clemens, Morning salutationes and the Decline of Sympotic Eucharists in the Third Century, in: ZAC 18 (2014), 420–442.

Lessenich, Stephan, Nicht mehr normal. Gesellschaft am Rande des Nervenzusammenbruchs, Bonn 2023.

Levin, Christoph, Glaube im Alten Testament, in: Horn, Friedrich (Hg.), Glaube (Themen der Theologie 13), Tübingen 2018, 9–31.

Lienau, Anna-Katharina, Gebete im Internet. Eine praktisch-theologische Untersuchung (Studien zur Christlichen Publizistik XVII), Erlangen 2009.

–, Kommunikation des Evangeliums in social media, in: ZThK 117 (2020), 489–522.

Lindner, Herbert, Feierabendmahl, in: Schmidt-Lauber, Hans-Christoph/Meyer-Blanck, Michael/Bieritz, Karl-Heinz (Hg.), Handbuch der Liturgik. Liturgiewissenschaft in Theologie und Praxis der Kirche, Göttingen 2003³, 900–909.

Liturgische Konferenz, Mit Anderen feiern – gemeinsam Gottes Nähe suchen. Eine Orientierungshilfe der Liturgischen Konferenz für christliche Gemeinden zur Gestaltung von religiösen Feiern mit Menschen, die keiner christlichen Kirche angehören, Gütersloh 2006.

Luz, Ulrich, Das Evangelium nach Matthäus (Mt 1–7) (EKK I/1), Düsseldorf 2002⁵.

–, Theologische Hermeneutik des Neuen Testaments, Neukirchen-Vluyn 2014.

Magen, Stefan, Körperschaftsstatus und Religionsfreiheit. Zur Bedeutung des Art. 137 Abs. 5 WRV im Kontext des Grundgesetzes (JusEccl 75), Tübingen 2004.

Markschies, Christoph, Einführung, in: Hellholm, David (Hg.), Abluition, Initiation, and Baptism. Waschungen, Initiation und Taufe (BZNW 176/1), Berlin 2011, I-XIII.

–, Das antike Christentum. Frömmigkeit, Lebensform, Institutionen, München 2016³.

Marquardt, Udo, Zeit und Mensch. Facetten einer Kulturgeschichte, Basel 2024.

Matthes, Joachim, Auf der Suche nach dem „Religiösen". Reflexionen zu Theorie und Empirie religionssoziologischer Forschung, in: Sociologica Internationalis 30 (1992), 129–142.

Meckel, Miriam, Das Glück der Unerreichbarkeit. Wege aus der Kommunikationsfalle, Hamburg 2007³.

Medows, Donelle et al., The Limits of Growth. A Report for the Club of Rome's Project on the Predicament of Mankind, o. O. 1972.

Meyer, Hans Bernhard, Eucharistie. Geschichte, Theologie, Pastoral (GDK 4), Regensburg 1989.

Meyer-Blanck, Michael, Das Gebet, Tübingen 2019.

Mikoski, Gordon, Bringing the Body to the Table, in: Theology Today 67 (2020), 255–259.

Müller, Andreas, Tauftheologie und Taufpraxis vom 2. bis zum 19. Jahrhundert, in: Öhler, Markus (Hg.), Taufe (Themen der Theologie 5), Tübingen 2012, 83–135.

Neumann, Norbert, Lerngeschichte der Uhrenzeit, Pädagogische Interpretationen zu Quellen von 1500 bis 1930, Weinheim 1993.

Noelle-Neumann, Elisabeth/Piel, Edgar (Hg.), Allensbacher Jahrbuch der Demoskopie 1978–1983, München 1983.

Ohst, Martin, Glaube in der Kirchengeschichte – Zu den geschichtlichen Wandlungen eines Zentralbegriffs der christlichen Religion, in: Horn, Friedrich (Hg.), Glaube (Themen der Theologie 13), Tübingen 2018, 65–131.

Peters, Fabian/Gutmann, David/Kendel, André/Faix, Tobias/Riegel, Ulrich, Mitgliederorientierung als Zukunftsaufgabe von Kirche, in: Dies. (Hg.), Kirche – ja bitte. Innovative Modelle und strategische Perspektiven von gelungener Mitgliederorientierung, Neukirchen-Vluyn 2020², 14–28.

Powers, William, Hamlet's BlackBerry. A Practical Philosophy for Building a Good Life in the Digital Age, New York 2010.

Rentsch, Thomas / Vollmann, Morris (Hg.), Gutes Leben im Alter. Die philosophischen Grundlagen, Stuttgart 2017.

Riesewick, Moritz / Block, Hans, Die digitale Seele. Unsterblich werden im Zeitalter Künstlicher Intelligenz, München 2020.

Rich, Nathanael, Long Earth, Berlin 2019.

Roleder, Felix, Die relationale Gestalt von Kirche. Der Beitrag der Netzforschung zur Kirchentheorie (PTHe 169), Stuttgart 2020.

Rommelspacher, Birgit, Wie christlich ist unsere Gesellschaft? Das Christentum im Zeitalter von Säkularität und Multireligiosität (Edition Kulturwissenschaft 102), Bielefeld 2017.

Roos, Horst, Altern aus unterschiedlichen Blickwinkeln betrachtet, in: Erhardt, Martin / Hoffmann, Lothar / Roos, Horst (Hg.), Altenarbeit weiterdenken. Theorien – Konzepte – Praxis, Stuttgart 2014, 49–54.

Roosen, Rudolf, Taufe lebendig. Taufsymbolik neu verstehen, Hannover 1990.

Rosa, Hartmut, Weltbeziehungen im Zeitalter der Beschleunigung. Umrisse einer neuen Gesellschaftskritik, Berlin 2012.

–, Resonanz. Eine Soziologie der Weltbeziehung, Berlin 2016 (u. ö.).

Rothgangel, Martin, Schöpfung – Praktisch-theologische Herausforderungen und bildungstheoretische Konsequenzen, in: Schmid, Konrad (Hg.), Schöpfung (Themen der Theologie 4), Tübingen 2012, 295–323.

Ruck-Schröder, Adelheid, Das Bischofsamt als Amt der Ermöglichung. Vorschlag einer Neu-Kontextualisierung, in: Domsgen, Michael / Lienau, Anna-Katharina / Saß, Marcell / Schröder, Bernd (Hg.), Christsein. Beiträge zur Morphologie und Topologie einer Lebensform (APrTh 98), Leipzig 2024, 413–425.

Rüegger, Heinz, Vom Sinn im hohen Alter. Eine theologische und ethische Auseinandersetzung, Zürich 2016.

Sattler, Dorothea / Nüssel, Friederike, Menschenstimmen zu Abendmahl und Eucharistie. Erinnerungen – Anfragen – Erwartungen, Frankfurt 2004.

Saunders, Ciceley, The modern hospice (1984), in: Dies, Selected Writings, 1958–2004, Oxford 2006.

van Schaik, Carel / Michel, Kai, Die Wahrheit über Eva. Die Erfindung der Ungleichheit von Frauen und Männern, Hamburg Dezember 2020.

Scharbert, Josef, Art. בכר , in: ThWAT 1 (1973), 808–841.

Schmid, Konrad, Die Welt als Schöpfung, in: Ders. (Hg.), Schöpfung (Themen der Theologie 4), Tübingen 2012, 325–346.

–, Theologie des Alten Testaments, Tübingen 2019.

Schmidt, Eric / Cohen, Jared, The New Digital Age. Reshaping the Future of People, Nations and Business, New York 2013.

Schmidt, Karl Ludwig, Ekklesia, in: ThWNT Bd. 3 (1938/1957), 502–535.

Schmidt-Leukel, Perry, Das himmlische Geflecht. Buddhismus und Christentum – ein anderer Vergleich, Gütersloh 2022.

Schneekloth, Ulrich / Albert, Mathias, Jugend und Politik, in: Shell Deutschland GmbH (Hg.), 19. Shell Jugendstudie – Jugend 2024. Pragmatisch zwischen Verdrossenheit und gelebter Vielfalt, Weinheim 2024, 43–100.

– / Wolfert, Sabine, Wertorientierungen, in: Shell Deutschland GmbH (Hg.), 19. Shell Jugendstudie – Jugend 2024. Pragmatisch zwischen Verdrossenheit und gelebter Vielfalt, Weinheim 2024, 101–129.

Schnelle, Udo, Neutestamentliche Anthropologie. Jesus – Paulus – Johannes, Neukirchen-Vluyn 1991.

Schröter, Jens, Jesus von Nazaret. Jude aus Galiläa – Retter der Welt, Leipzig 2006².

–, Das Abendmahl. Frühchristliche Deutungen und Impulse für die Gegenwart (SBS 210), Stuttgart 2006.

–, Die Anfänge christlicher Kirche nach dem Neuen Testament, in: Albrecht, Christian (Hg.), Kirche (Themen der Theologie 1), Tübingen 2011, 37–80.

Schubert, Anselm, Schöpfung – Positionen der Theologie- und Kirchengeschichte, in: Schmid, Konrad (Hg.), Schöpfung (Themen der Theologie 4), Tübingen 2012, 185–223.

Schulz, Frieder, Was ist ein Hauptgottesdienst? (1981), in: Ders., Synaxis. Beiträge zur Liturgik, hg. v. Schwinge, Gerhard, Göttingen 1997, 123–133.

Schulze, Gerhard, Erlebnisgesellschaft. Kultursoziologie der Gegenwart, Frankfurt 1993.
–, Die beste aller Welten. Wohin bewegt sich die Gesellschaft im 21. Jahrhundert? München 2003.
Schweighofer, Teresa, Das Leben deuten. Eine praktisch-theologische Studie zu Freier Ritualbegleitung (S.Th.P.S. 109), Würzburg 2019.
Serres, Michel, Erfindet euch neu! Eine Liebeserklärung an die vernetzte Generation, Berlin 2013 (franz. 2012).
Sidorenko, Alexandre / Walter, Alan, The Madrid International Plan of Action on Ageing. From conception to implementation, in: Ageing and Society 24 (2004), 147–165.
Smith, Brad / Browne, Carol Ann, Tools and Weapons. The Promise and the Peril of the Digital Age, New York 2019.
Söding, Thomas, Geist und Amt. Übergänge von der apostolischen zur nachapostolischen Zeit, in: Schneider, Theodor / Wenz, Gunter (Hg.), Das kirchliche Amt in apostolischer Nachfolge Bd. 1. Grundlagen und Grundfragen (DiKi 12), Freiburg 2004, 189–263.
Stalder, Felix, Kultur der Digitalität, Berlin 2019⁴.
Steffensky, Fulbert, SEGEN: Die Grundgeste der jüdisch-christlichen Tradition, in: Gemeinsame Arbeitsstelle für gottesdienstliche Fragen 28 (1997), 1–15.
Stein, Hans Joachim, Frühchristliche Mahlfeiern. Ihre Gestalt und Bedeutung nach der neutestamentlichen Briefliteratur und der Johannesoffenbarung (WUNT II 225), Tübingen 2008.
Storms, Anna / Woopen, Christiane, Spiritualität im Alter, in: Hank, Karsten / Wagner, Michael / Zank, Susanne (Hg.), Alternsforschung. Handbuch für Wissenschaft und Studium, Baden-Baden 2023², 603–627
Stutz, Ulrich, Die päpstliche Diplomatie unter Leo XIII. nach den Denkwürdigkeiten des Kardinals Domenico Ferrate, Berlin 1926.
Taussig, Hal, In the Beginning was the Meal. Social Experimentation & Early Christian Identity, Minneapolis 2009.
Tegmark, Max, Life 3.0. Being human in the age of Artificial Intelligence, o. O. 2017.
Theißen, Gerd / Merz, Annette, Wer war Jesus? Der erinnerte Jesus in historischer Sicht, Göttingen 2023.

Thieme, Sophie, Reformvorschläge der Kirchensteuer in der Evangelischen Kirche in Deutschland, Göttingen 2022 (Göttinger Universitätsdrucke).

Tietz, Christiane, Der Glaube – sein Charakter, seine Nachbar- und Gegenbegriffe aus systematisch-theologischer Perspektive, in: Horn, Friedrich (Hg.), Glaube (Themen der Theologie 13), Tübingen 2018, 133–161.

Veijola, Timo, Art. Segen / Segnen und Fluch II, in: TRE 31 (2000), 76–79.

Vogel, Manuel, Der Tod im Neuen Testament vor dem Hintergrund antiker ars moriendi, in: Volp, Ulrich (Hg.), Tod (Themen der Theologie 12), Tübingen 2018, 57–115.

Volp, Ulrich, Der menschliche Tod in den christlichen Gemeinden. Kirchengeschichtliche Perspektiven, in: Ders. (Hg.), Tod (Themen der Theologie 12), Tübingen 2018, 117–161.

Wagner, Falk, Religion II. Theologiegeschichtlich und systematisch-theologisch, in: TRE 28 (1997), 522–545.

Wahl, Hans-Werner, Positive Alternspsychologie. Die Stärken der zweiten Lebenshälfte, Weinheim 2024.

–/ Heyl, Vera, Gerontologie – Einführung und Geschichte, Stuttgart 2015^2.

Weber, Max, Die protestantische Ethik I. Eine Aufsatzsammlung, Gütersloh 1981^6.

von Weizsäcker, Ernst Ulrich / Wijkman, Anders u. a., Wir sind dran. Was wir ändern müssen, wenn wir bleiben wollen, Gütersloh 2018^4 (2017).

Westover, Tara, Educated. A Memoir, New York 2018.

Weyerer, Siegfried, Psychische Erkrankungen im höheren Lebensalter, Epidemiologie, Risiken und Auswirkungen, in: Staats, Martin / Steinhaußen, Jan (Hg.), Resilienz im Alter, Weinheim 2021, 33–50.

Wiesinger, Christoph, Authentizität (PThGG 31), Tübingen 2019.

Wolff, Hans Walter, Anthropologie des Alten Testaments, München 1977^3.

Register

(ohne Nennung von biblischen Personen, Herausgebern und des Verfassers)

Alan, Walter 104
Albert, Mathias 4
Albrecht, Christian 99
Alkuin 36
Angenendt, Arnold 139
Auf der Maur, Hansjörg 22
Augustin 35

Barnahl, Meike 121
Barth, Hans-Martin 116, 146
Bauer, Jochen 46
Baumert, Jürgen 5, 46
Baumgartner, Jakob 22
Beck, Ulrich 49
Becker, Jürgen 11, 27, 32, 86, 93
Beutel, Albrecht 144
Beyreuther, Erich 120
Bieritz, Karl-Heinrich 129–131
Block, Hans 64
Böhnisch, Lothar 55
Borscheid, Peter 51
Browne, Carol Ann 60

Chilton, Bruce 30
Clemens von Alexandrien 102

Chlodewig 35
Cicero 40
Cohen, Jared 63
Cornehl, Peter 31

Dahm, Karl-Wilhelm 139
Daly, Herman 51
Depping, Klaus 70
Dietzsch, Andrea 92
Domsgen, Michael 79
Dorner, Martin 133
Drecoll, Volker Henning 20f
Dunkel, Daniela 23

Ebeling, Gerhard 83f
Eberhardt, Monika 4, 127
Ebertz, Michael 4, 127
Eckstein, Hans-Joachim 28f
Erhardt, Martin 71
Evers, Dirk 45

Faix, Tobias 127
Fischer, Alexander 105
Franklin, Benjamin 56
Franz, Adolf 98

Frettlöh, Magdalene 120
Frey, Jörg 29, 33
Friedrichs, Lutz 123f
Frisch, Max 57

Garcia, Tristan 61
Gates, Bill 60
Gautama 154
Gebhardt, Winfried 124
Geißler, Karlheinz 54, 56f, 65f
Gemeinhardt, Peter 34, 37
Germann, Michael 45
Göpel, Maja 49–52, 58
McGowan, Andrew 30
Gramstrup, Mette 121
Greiner, Dorothea 100
Grethlein, Jonas 158
Gronemeyer, Marianne 110
Gutmann, David 127

Haacker, Klaus 17
Haberer, Tilman 4
Hahn, Ferdinand 14, 16–18
Hammer, Felix 36
Harari, Yuval Noah 112
Haudel, Matthias 82
Hauke, Reinhard 122
Headrick, Daniel 53
Heckel, Ulrich 97, 120
Heidel, Klaus 51
Herbert, Jan 74f
Hermelink, Jan 25
Heyl, Vera 66f, 69–71
Hild, Helmut 126
Hock, Klaus 45
Höpflinger, François 73
Hörsch, Daniel 48, 128, 156
Hollerweger, Hans 99

Holze, Erhard 142
Hoocker, Morna 17–19
Horn, Eva 53
Horn, Friedrich 18
Huber Wolfgang 34
Huizing, Klaas 117

Jaeggi, Rahel 6
James, William 91
Jüngel, Eberhard 23
Juliana v. Lüttich 22

Kaczynski, Reiner 106
Karl d. Gr. 35
Kendel, André 127
Khorchide, Mouhanad 119, 145
Kirchgässner, Gebhard 57
Kirchhof, Tobias 48
Kleinheyer, Bruno 21
Konradt, Matthias 87
Konstantin 40
Kruse, Andreas 72
Kugler, Georg 102
Kuntze, Sven 74
Kunz, Ralph 74

Landwehr, Achim 55
Lang, Anna 127
Laslett, Peter 70
Latour, Bruno 59
Lauster, Jörg 19
Lennon, John 5
Leonhard, Clemens 32
Lessenich, Stephan 49
Levin, Christoph 10, 17
Lienau, Anna-Katharina 59, 79, 156

Register

Lindner, Herbert 103
Lück, Christhard 148
Luther, Martin 37f, 94f, 98
Luz, Ulrich 13, 93

Magen, Stefan 142
Markschies, Christoph 19f., 32
Marquardt, Udo 55
Matthes, Joachim 44
Meckel, Miriam 58, 63–65
Medows, Donella 52
Melanchthon, Philipp 37
Merz, Annette 10, 12, 15
Meßner, Reinhard 103
Meyer, Hans Bernhard 22, 32
Meyer-Blanck, Michael 92–95, 143
Michel, Kai 37
Mikoski, Gordon 138
Müller, Andreas 35
Muhammad 154

Neumann, Norbert 56
Noelle-Neumann, Elisabeth 131
Nüssel, Friederike 137

Ohst, Martin 21, 24
Origenes 20

Peters, Fabian 127
Pfister, Stefanie 142
Piel, Edgar 131
Pompe, Hans-Hermann 156
Powers, William 90

Rentsch, Thomas 68
Rich, Nathanael 52

Riegel, Ulrich 127
Riesewieck, Moritz 64
Roleder, Felix 155f
Rommelspacher, Birgit 8, 35
Roos, Horst 73
Roosen, Rudolf 34
Rosa, Hartmut 57, 91, 101
Rothgangel, Martin 83
Ruck-Schröder, Adelheid 39
Rüegger, Heinz 66f, 73f

Saß, Marcell 79
Sattler. Dorothea 137
Saunders, Cicely 110
von Schaik, Carel 37
Scharbert, Josef 95
Schmid, Konrad 83–85, 88f, 105
Schmidt, Eric 63
Schmidt-Leukel, Perry 145
Schneekloth, Ulrich 4, 147
Schnelle, Udo 86f
Scholz, Olaf 111
Schröder, Bernd 79
Schröter, Jens 16, 26–28, 32, 108
Schubert, Anselm 88f
Schulz, Frieder 128
Schulze, Gerhard 60–62
Schweighofer, Teresa 99
Serres, Michel 155
Sidorenko, Alexandre 72, 104
Smith, Brad 60
Söding, Thomas 33
Stalder, Felix 59
Steffensky, Fulbert 101
Stein, Hans Joachim 30
Stoermer, Eugene 53

Storms, Anna 74
Stosch, Klaus 119, 145
Stutz, Ulrich 118

Tegmark, Max 60
Theißen, Gerd 10, 12, 15
Theodosius 20, 34
Thieme, Sophie 3, 127
Thomas von Aquin 21, 35
Tietz, Christiane 25
Tornstam, Lars 74

Veijola, Timo 96
Vogel, Manuel 107
Vollmann, Morris 68
Volp, Ulrich 109

Wagner, Falk 40–43, 45
Wahl, Hans-Werner 66f, 69–71, 74f, 138
Walker, Alan 72
Weber, Max 57
von Weizsäcker, Ernst Ulrich 52
Westover, Tara 54f
Weyerer, Siegfried 69
Wichern, Johann Hinrich 40
Widukind 35
Wiesinger, Christoph 152
Wijkman, Anders 62
Wolfert, Sabine 147
Wolff, Hans Walter 106
Woopen, Christian 74